回 眸

——中国技术市场40年

田 波 著

上海大学出版社
·上海·

图书在版编目(CIP)数据

回眸:中国技术市场 40 年/田波著. —上海:上海大学出版社,2019.11
ISBN 978-7-5671-3749-3

Ⅰ.①回… Ⅱ.①田… Ⅲ.①技术市场-研究-中国 Ⅳ.①F723.84

中国版本图书馆 CIP 数据核字(2019)第 245513 号

策　划　农雪玲
责任编辑　农雪玲
助理编辑　王静姝
封面设计　缪炎栩
技术编辑　金　鑫　钱宇坤

回　眸
——中国技术市场 40 年

田　波　著

上海大学出版社出版发行
(上海市上大路 99 号　邮政编码 200444)
(http://www.shupress.cn　发行热线 021-66135112)
出版人　戴骏豪

*

南京展望文化发展有限公司排版
句容市排印厂印刷　各地新华书店经销
开本 710mm×1000mm　1/16　印张 13.25　字数 197 千
2019 年 11 月第 1 版　2019 年 11 月第 1 次印刷
ISBN 978-7-5671-3749-3/F•189　定价　86.00 元

序

实行技术成果商品化,开放技术市场,是我国科技体制改革在理论和实践上的一项重大突破。中国技术市场在改革开放的大潮中应运而生,它冲破计划经济束缚,顺应社会主义市场经济发展规律,营造科技与经济结合的良好环境,为贯彻落实科技工作面向经济建设、经济建设依靠科学技术的基本方针,推进科技成果向现实生产力转化,加速中国国民经济和社会发展,做出了巨大的贡献。

值此举国上下纪念改革开放40周年、庆祝中华人民共和国成立70周年之际,田波同志撰写了《回眸——中国技术市场40年》一书,通过回顾和总结中国技术市场40年来跌宕起伏的发展历程,用发展的眼光,展望我国新时期技术市场的壮阔前景,全书无论是历史经验的凝聚,还是与时俱进的思考,对于推进我国新时期深化改革、扩大开放和创新驱动发展,都具有重要意义。

田波同志在我国改革开放初期就置身于科技管理工作一线,曾经在科技情报、政策法规、科技成果与技术市场及高新技术等多个岗位工作,担任厅级领导后,主要分管中国科学院与浙江省政府合作委员会的工作,在技术市场、技术转移和高新技术产业化方面,阅历广阔,积累了丰富经验。离开一线后,他担任中国技术市场协会副会长和浙江省技术市场促进会会长、名誉会长,现任中国技术市场协会专家委员会副主任委员。他勤于思考,勇于创新,观点鲜明,见解独到,曾就技术市场的理论与实践,出版专著多部。《回眸——中国技术市场40年》是他在技术市场领域的又一部力作,将为新时期技术市场工作提供重要的参考价值,值得庆贺。

相信此书的问世,能够引起科研单位、科技服务机构及科技型企业等相关部门的关注,对深入开展新时期技术市场的探索研究与开拓发展,实现技术市场与人才、资本、信息等生产要素市场深度融合、良性互动,按照创新、协调、绿色、开放、共享的发展理念,进一步繁荣中国特色技术市场,加速科技成果转化,促进经济高质量发展,谱写新的卓越华章!

国务院国资委国有重点大型企业原监事会主席
国务院原知识产权办公会议办公室主任
中国技术市场金桥奖功勋奖获得者

段瑞春

2019 年 6 月 18 日

自 序

习近平在党的十九大报告中指出,中国特色社会主义进入新时代,意味着近代以来久经磨难的中华民族迎来了从站起来、富起来到强起来的伟大飞跃,迎来了实现中华民族伟大复兴的光明前景。

从1949年新中国建立,到1978年中国实行改革开放,再到1993年建立市场经济体制,随着改革的深入,我国科技水平不断提高,经济实力不断增强,综合国力日益强盛。党中央提出的"经济建设必须依靠科学技术,科学技术工作必须面向经济建设"的总方针,在推进全国人民在经济体制和科技体制改革的双重实践中,发挥了重要引领作用,令国人真切感悟到:"科技强则国强"。

市场经济体制在中国的建立,激发了各种生产要素市场竞相迸发出旺盛的活力。技术市场的诞生,是中国旧科技体制改革的这场世纪之战的"突破口",成千上万科技管理工作者、科技人员和企业家,在遵循自然规律、探求科学规律和研究市场规律的过程中,大胆探索,不断创新,在市场经济大潮中,劈波斩浪,得到了锻炼、经受了考验。改革开放40年,在党中央、国务院的正确领导下,经过全国人民的不懈努力和艰苦奋斗,我国已经发展成举世瞩目的世界第二大经济体,这辉煌成就令国人振奋。

回眸40年的快速发展历程,我国技术市场的建立和发展,在促进技术转移和科技成果转化,推动科技成果商品化、产业化方面发挥了巨大作用,功不可没。在党的十九大召开之后,中国科技发展和经济增速迅猛,我国基础研究愈加受到重视,得到加强。高新技术、尖端技术成果大量涌现,大批优秀科技成果得以有效转化,并形成生产力。事实雄辩地证明,基础研究需要长期支持和持续投入,科技成果的转化,是个厚积薄发的过程,这是客观规律,业已被新中国成立70年,特别是改革开放40年的实践所证明。

技术成果转化和产业化,需要科技人员的辛勤劳动,更需要企业主体地位的确立和企业家的勠力同心。中国经济这些年发展之迅速,市场经济体制的因素必须肯定,其中技术市场的作用不可低估,其在经济建设中的重要先导作用也已为国人所认知。当前,总结并梳理出技术市场的运行规律,明确技术市场工作的历史定位和发展方向,是新时期培育与建设技术市场的重要任务。进一步推动技术市场与人才市场、资本市场等生产要素市场的合力互动、协同发展,让我国科学技术向现实生产力转化的步伐迈得更快、更大、更坚实!

回顾我国技术市场从孕育、形成到发展的40年历程,总结其已经发挥的巨大优势,找出前进中的问题,明确正确方向,确定工作路径,夯实理论基础,并能在今后培育与建设技术市场的工作中,认识更自觉、行为更主动,让新时期中国技术市场的发展更加健康繁荣,这是一名老科技工作者的殷切期望,也是我撰写此书的本意。

2019年3月16日写于杭州

目 录

第一章　改革开放孕育催生中国技术市场　1

第一节　计划经济时期中国的科学技术工作 / 3
第二节　改革开放拉开建立市场经济体制的序幕 / 7
第三节　商品经济为中国技术市场的形成开辟道路 / 9
第四节　技术市场助力中国市场经济体制的建立 / 12

第二章　中国技术市场的立论基础　16

第一节　"科学技术是生产力"奠定了技术市场的理论基础 / 16
第二节　劳动产品理论与商品经济理论是技术市场的两块基石 / 20
第三节　生产要素市场理论是技术市场的理论核心 / 27
第四节　知识产权制度是技术市场的重要法律保障 / 30

第三章　中国技术市场的使命　34

第一节　开放技术市场的根本目的是促进经济发展 / 35
第二节　加速技术转移是技术市场活动的中心内容 / 36
第三节　技术市场的中心任务是落实"面向、依靠"的方针 / 38
第四节　技术市场是科学技术体制改革的突破口 / 42

第四章　开放技术市场的基础条件　47

第一节　提出大力开拓技术市场的经济社会背景 / 47

第二节　技术成果商品化和大力发展商品经济并轨运行 / 51

第三节　技术市场"八字方针"与科技体制改革携手共进 / 53

第四节　技术市场的激励政策与法律规范双轨并行 / 56

第五章　中国技术市场的基本服务队伍　　61

第一节　情报信息服务队伍 / 62

第二节　政策咨询服务队伍 / 65

第三节　全方位链式服务队伍 / 66

第四节　法律咨询服务队伍 / 69

第五节　综合科技服务队伍 / 72

第六章　技术转移与中国技术市场　　74

第一节　技术转移的内涵 / 74

第二节　技术转移的特征 / 80

第三节　技术转移与科技成果的转化 / 86

第四节　"一带一路"与开拓国外技术市场 / 90

第七章　中国技术市场与指导性科技计划　　94

第一节　"星火计划"出台的背景 / 95

第二节　技术市场队伍中的生力军 / 97

第三节　"星火计划"工作从"短平快"走向"高群外" / 99

第四节　指导性科技计划的特征与作用 / 104

第八章　技术转化与生产要素的作用　　107

第一节　对技术转化过程的理解 / 108

第二节　技术在转移中的基本特征 / 110

第三节　技术要素在生产力发展中的先导性 / 114

第四节　人才要素对技术转移的决定作用 / 117

第五节　资本要素是技术实现转化的关键 / 118

第九章　技术转化呼唤科技服务市场的崛起　　122

第一节　技术从研发到转化是一条长链 / 123
第二节　技术市场成熟的标志是服务市场的崛起 / 127
第三节　科技服务链式化 / 131
第四节　我国科技服务业的问题与展望 / 132

第十章　政府对技术市场的管理　　136

第一节　技术市场管理的特征 / 137
第二节　技术市场管理的思路与内容 / 141
第三节　中国技术市场的工作体系与问题 / 145
第四节　新时期中国技术市场的管理 / 151

参考书目 / 156
中国技术市场大事记 / 158
附录 / 173
后记 / 198

第一章　改革开放孕育催生中国技术市场

技术市场在中国出现,令人鼓舞又发人深思。客观上,提出开放技术市场,是我国在结束"文化大革命",各项工作百废待兴的时候,党中央为了拯救中国濒临崩溃边缘的经济,实现中华民族的振兴和国富民强,提出了科学技术要面向经济建设的这样一种大势下所作出的决策,令人鼓舞。可是,在中国尚未摆脱计划经济体制,正在酝酿商品经济和市场经济的这样一个敏感时期,尤其是中国政府还没有正式作出建立市场经济体制决定之前,就提出了"技术市场"的这个名词,又是令人深思的。

剖析技术市场作为一种社会现象在中国的出现,对求索中国改革开放的战略决策,探索中央对中国科技体制的改革,求解改革开放条件下,中国技术市场的形成、推进与成熟,对国家的经济、科技和社会发展所发生的重要作用、所做出的重要贡献,意义十分重大。我国技术市场从出现,到1993年中国政府作出建立社会主义市场经济体制的决定,认清这之间形成的时间位差,对了解20世纪70年代末到80年代中国出现的商品经济现象,认识中国提出要大力发展商品经济的时代背景,理解当时国家领导人在这个时候提出"技术也是商品"等观点,具有十分重要的意义。

从理论上讲,技术市场作为"市场经济的产物",是市场经济的重要组成部分,今天回头去认识和总结它,已经不是问题。但是,20多年前,甚至追溯到中国还处在计划经济体制下的三四十年前,很多人是很难认同它的。假如把"技术市场"这个名词,放在中国政府正式决定建立市场经济体制的坐标上,在时序上是有先后的。

根据技术市场是"市场经济的重要组成部分",或者用"市场经济的产物"去定义,就会在时序上出现一个中国是"先有技术市场,还是先有市场经济"的逻辑问题。换句话说,在中国,是市场经济孕育了技术市场,还是技术市场推进和催生了市场经济体制的建立,这其实又是个非常有趣的"鸡、蛋先后"问题。这个问题成了人们认识技术市场内涵道路上一块沉重的绊脚石,延续至今,无人能将之"搬走"。解除技术市场人的这个心结,对于各级领导、各级管理人员,以及从事技术市场和科技与经济工作者,客观认识市场经济、认识中国技术市场现象、科学理解其理论,彻底抛弃计划经济的羁绊,认清技术成果转化的规律,自觉依照市场经济,有序推进科技成果向生产力的转移与产业化工作,具有重要的时代意义和历史价值。

研究、探索市场经济条件下中国出现的技术市场问题,必须对"什么是技术市场""怎样建设技术市场"这两个基本问题进行考察和求索。这两个问题,前者是理论问题,后者则是实践问题,两者相辅相成,互为条件,正是它们之间的互相作用,推动了中国技术市场的发展与健康繁荣。

技术市场在中国出现的时间问题,业界众说纷纭。研究中国技术市场出现的时间点,是讨论技术市场的定义、内涵和功能的研究起点,也是研究技术市场学科的前提。客观地说,中国提出改革开放、提出"技术商品化"之时,是中国技术市场的"萌芽时期"。

在中国,最早使用"技术市场"这个名词的,是1981年5月国家新闻出版局批准在天津出版的一张四开小报,名字就叫"技术市场报"。其主管单位是天津市科学技术协会,报纸总编辑叫郭娴贞。这张小报,在当时就成为配合国家专利制度的建立,以刊登专利信息为主的专业性报纸,同时报道各地落实中央关于"技术也是商品"这方面的消息、言论、述评,宣传中国技术市场工作,特别是报道全国许多关于举办技术展览会、技术交易会等活动的新闻。那时,这张报纸成了中国政府提出工作重心转移到经济建设上来之后,全国科技人员和科研机构进入经济建设主战场工作的重要宣传阵地。它高频率地发表了许多有关技术市场的言论与文章,深受广大科研机构和科技管理部门的欢迎与赞许。1989年,经中央领导同意,这张报纸改名为"中国技术市场报",成了对开大报,向全国广泛发行。

"技术市场"这个名词在中国出现的另一种说法,是国务院在1984年年底的第51次常务会议上,国务院的领导提出要"大力开拓技术市场"和"加速科技成果商品化"等与技术市场相关的话题。这些意见,都被写入中共中央关于科学技术体制改革的决定中。

再一种说法,是1985年3月中共中央作出"关于科学技术体制改革的决定",决定中明确指出"技术市场作为科技体制改革的突破口",还提出了一系列培育与建设中国技术市场的指导性、纲领性意见。

从客观实际的角度考察,技术市场在中国的出现,有它深刻的政治背景、时代背景和经济背景,是市场经济规律性的一种表现。研究认为,从中央关于"技术市场是商品经济的重要组成部分"的提法,发展到提出技术市场是"市场经济的重要组成部分",充分说明技术市场是依附于商品经济、市场经济体制的存在而存在、发展而发展的,没有商品经济和市场经济,技术市场和其他生产要素市场也就不复存在。

要是用这种视角去考察技术市场在中国出现的问题,就比较容易作出这样的判断:我国技术市场的提出,或者说起始点,应当是与中共中央提出改革开放的时期(间)同步。研究认为,我国的技术市场起源于改革开放,得益于以经济建设为中心的现代化建设和党中央提出的"经济建设必须依靠科学技术,科学技术工作必须面向经济建设"的总方针的贯彻落实,根植于我国商品经济的出现和市场经济体制的建立。至于中共中央的正式决定、领导人的相关讲话等这些外在形式上的时间节点和位差,也都必须从技术市场的本质属性上去理解、认识技术市场在中国诞生的客观必然性,这对于我们认清技术市场的内涵,认识技术市场与市场经济之间的关系、技术成果转化与技术市场的关系等问题,具有重要意义。

第一节 计划经济时期中国的科学技术工作

从新中国成立至今,大致可分为两大重要时期,即实行计划经济管理体制的时期和建立社会主义市场经济体制的时期。

我国的科学技术体制是在计划经济时期形成的。在当时的历史条件下，它对国人摆脱被压迫被剥削、在生产生活上获得解放，对工业、农业、国防、科学技术等各项事业赶上或缩小与国际发达国家的差距，都发挥过重要作用。1978年，中共中央提出改革开放，这是在改革开放之初尚未建立市场经济体制之前，全国人民开始大胆探索商品经济的一个特别时期。

新中国成立以后，党和国家以高瞻远瞩的战略眼光，高度重视科技事业。早在1950年8月召开的全国科技工作者代表大会上，周恩来就明确要求在这次会议上成立全国科联，积极开展科技工作者的状况调查，弄清全国自然科学工作者状况，充分发挥他们的聪明才智，努力为国家、为人民服务。1956年制定的科学技术发展12年远景规划纲要，充分体现了广大科技工作者向科学技术进军的豪情壮志。党和国家制定、实施正确的知识分子政策，为我国科技事业繁荣发展营造了有利的政治社会条件。我国广大科技工作者勤于思考、勇于实践、敢于超越、不懈探索，无私奉献、团结协作，在短短十几年间，创造了一个又一个科技奇迹。我们取得了有限元方法、层子模型、人工合成牛胰岛素等具有世界先进水平的科技成果，自主提出了陆相成油理论等独具特色的科学理论，建设了大庆油田等影响至今的大型工程项目，取得了"两弹一星"的巨大成功。这些重大科技成果，极大增强了我国综合国力，提高了我国国际地位（见胡锦涛在2008年12月15日在纪念中国科协成立50周年大会上的讲话）。

到1955年，全国科研机构达到840多个，科技人员增加到40多万人，科学技术工作初具规模。1956年，周恩来在中央召开的知识分子问题会议上，庄重提出"向科学进军"的号召。国务院成立国家科学技术规划委员会，组织全国600多位科学家，着手制订《1956—1967年科学技术发展远景规划纲要（草案）》，提出基础研究、应用研究和发展研究等57项任务和一系列重大课题，并提出"要实现科学技术现代化"的目标。从此，科学家们在计算技术、半导体技术、自动化技术、无线电技术、核技术和喷气技术上，采取紧急措施，为缩短与世界先进水平的差距做出不懈的努力。

1961年，国家进行国民经济调整。科学技术工作通过和施行《关于自然科学研究机构当前工作的十四条意见(草案)》,对出现的问题进行纠正,保证了科研工作的正常进行。1962年,国家在提前5年完成了《1956—1967年科学技术远景发展规划纲要(草案)》的基础上,又制订了《1963—1972年十年科学技术发展规划纲要》,该规划纲要安排了重点研究试验项目374项。广大科技人员响应中央号召,发扬自力更生、奋发图强的精神,保证了重大建设工程的顺利进行。1964年10月,我国成功进行了首次核试验,充分反映了我国当时的科技水平。

1966—1978年是一个令人痛心的时期。全国刚刚有点起色的科学技术工作被迫中止,一些领域几乎处于停顿状态,损失严重。"文化大革命"全盘否定了之前的科技工作成就,否定了科学技术对生产的促进作用。尽管如此,我国科学技术战线上的广大科技人员仍在极度困难的环境下,坚持工作,坚持科研。周恩来在1970年年初指示要"把科学研究往高里提"。邓小平在1975年主持中央工作期间,提出"科研工作要走在生产建设前面"的意见;胡耀邦根据中央的指示,专门到中国科学院开展整顿工作,极大地提高了广大科技人员开展科学技术研究的积极性。

总的来说,计划经济时期,在党中央领导下,通过广大科学技术人员的努力奋斗,我国科学技术工作取得了举世瞩目的成绩,为拯救中华民族,改变中国的落后面貌,做出了重大贡献;为我国之后的科学技术发展奠定了很好的基础,让我国在某些领域赶上甚至超过世界水平,能够与世界发达国家齐头并进,公平参与国际市场竞争。

"文化大革命"结束后,国家迎来了科学的春天。在一切事业百废待兴的形势下,党中央紧抓科学技术工作,恢复和重建了一大批科研机构、科技管理机构与学术机构,落实党的知识分子政策,恢复科技人员职称评审和考核制度;在全国范围内组织了2万多名科学家、专家、干部,开展编制、讨论《1978—1985年科学技术发展规划纲要》的工作。

1978年党中央召开全国科学大会。大会通过了《1978—1985年科学技术发展规划纲要》,提出了我国发展科学技术一系列重要政策。"科学技术是第一生产力","科学技术现代化是实现四化的关键",以及"广大知识分子是工人阶级的一部分"等许多著名的理论观点,都是在这次大会上提出的。这次大会为我国在新的历史时期制定发展科学技术基本方针和各项政策,奠定了思想理论基础;也为中国共产党在1978年年底召开十一届三中全会,并在会上确定党的工作重点转移到现代化建设上来,奠定了坚实的舆论基础;并进一步提升了科学技术和科学技术工作者在社会主义现代化建设中的历史地位与重要作用,标志着我国的科学技术事业进入了一个全新的发展阶段。会后,我国科学技术事业获得了迅速发展。据国务院各部委和省、市、自治区、直辖市上报的重要科学技术研究成果显示,在1979年,当年就获得的科学技术成果有3 270项,比过去10年的总数还多。

国家实行改革开放,虽然建立市场经济体制的问题尚未提出,但"大力发展商品经济","要实现技术成果商品化"的口号已经喊响。这正是本章开头提到的技术市场与市场经济的关系问题。两种现象出现的时间似乎有先后,但就市场经济的本质而言,改革开放提出商品经济理论,本身就是为市场经济准备条件、提供经验。因此,研究认为,从国家提出"改革开放","技术也是商品","大力开拓技术市场","技术市场是商品经济的重要组成部分",到提出"科技人员是工人阶级的一部分","知识分子也是劳动者","尊重知识、尊重人才","技术成果要实现商品化"等一系列观点鲜明、逻辑严谨、系统性强的理论和观点,说明国家从计划经济向市场经济过渡的这个自然进程中,商品经济已经作为马前卒"闪亮登场"。这个时候的技术市场,也已经不在乎是谁提出和在何种场合下提出。问题的关键是,技术市场这个新生事物的问世,已经迎合了中国经济社会的发展对科学技术的呼唤,为日后市场经济体制的建立探路、拓荒、夯基、开道,摸索经验。

所以说,技术市场是在商品经济的环境中受到锻炼,也为其他生产要素市场陆续进入市场经济,铺平了道路、提供了经验。从一定程度上讲,技术市场为科技人员和科研机构冲破计划经济束缚,进入经济建设主战场,以及为中国建立市场经济体制,立下了汗马功劳。这正是技术作为生产要素,在经济社会发展的众多要素中起先导性作用的充分体现,成为技术市场是社会主义的生产要素市场中具有先导性的依据所在。

由此可见,从党的十一届三中全会作出"关于党的工作重心转移到经济建设上来"和改革开放的决策起,到1993年党中央作出"关于建立社会主市场经济体制的决定",可以认为是国家经济管理体制由计划经济体制向市场经济体制转变的一个过渡时期。我国科学技术事业,同其他事业一样,需要在中国共产党领导下,不折不挠,前赴后继,根据实际国情,去探索、去创新,在不断实践中有所创造、有所发明,不断前进。

第二节 改革开放拉开建立市场经济体制的序幕

新中国成立以来的科学技术发展史充分证明,我国在不同的历史时期,根据经济社会发展的需要和科技能力及其发展趋势,提出的发展科学技术的具体方针和政策,对推进我国科学技术与经济的融合,推动经济发展,起到十分重要的作用。国家实行改革开放,全国人民大胆实践,不断创新,逐步形成了具有中国特色的社会主义市场经济体制。我国的技术市场就是在这样的环境下萌芽、形成、发展和逐渐成熟的。在科技与经济结合的过程中,我国政府不断探索,不断实践,不断总结新的经验,从而促进技术市场的不断发展、不断成熟与不断繁荣。中国的技术市场正是在国家处于两种体制交替与变革的特殊环境下,不断发展和成熟起来的。可见,我国的技术市场起源于改革开放的战略决策,起源于市场经济在中国的孕育和萌芽,这种判断是符合事实的,是技术市场根植于商品经济和市场经济的规律所决定的。

1978年年底,党中央召开的十一届三中全会作出了两项决策:一是拨乱反正,二是改革开放。正是有了这样的决策,有"科学技术是生产力"的理论作指导,有把"党的工作重心转移到以经济建设为中心的现代化建设上来"的坚定决心,我国从思想上、理论上做好了从计划经济体制向市场经济体制过渡的准备。这才有了1993年,党的十四届三中全会作出《关于建立社会主义市场经济体制的决定》,才会有全国从上到下能非常自觉地融入中国特色社会主义市场经济体制之中的可喜局面。应该看到,这之前15年的"战前练兵"是十分有效和可贵的。其中,技术市场在与信息、人才、资本等其他生产要素市场的融合和互动中,表现出特有的"高度自觉"。

在1978年召开的全国科学大会上，邓小平提出"科学技术是第一生产力""科学技术现代化是实现四个现代化的关键"等观点，为技术成果的商品化和技术市场的开拓，奠定了思想基础。以科技成果为对象的技术贸易活动由此开始。可以说，中国的技术市场胚胎就是在这个时期萌发形成的。全国各地的科研单位、生产单位和工厂，通过自愿协作，开展了联合攻关。中国第一个科研生产联合体——浙江电子产品研究所在浙江德清成立，它是由中国科学院上海硅酸盐研究所与浙江德清电子器材厂联合建立的，在全国产生了很大影响。科研单位和科技人员向生产企业有偿转让科技成果，开展技术服务和咨询活动，帮助企业解决生产中的技术难题，从此在全国轰轰烈烈地开展起来。

党的十一届三中全会决定，把党的工作重心转移到社会主义现代化建设上来，标志着中国"以阶级斗争为纲"年代的结束和"以经济建设为中心"新时期的开始。在此次会议前，邓小平作了《解放思想，实事求是，团结一致向前看》的主题报告，明确提出"要从中国的实际出发，解放思想，解放生产力"。改革开放这些年的经验告诉我们，解放思想必须落实、体现在解放生产力上。解放生产力，从改革的意义上看，就是通过经济体制和其他各方面体制的根本变革，把生产过程中各生产要素，包括土地、资本、技术、知识等解放出来，把劳动力这个最重要的要素解放出来。农村家庭联产承包责任制的推行，就是把农业生产过程中的土地解放出来，把农民的主动性、积极性和创造性解放出来，才有了生产力的大解放。从乡镇企业异军突起到民营经济等多种所有制经济的快速发展，把资本、技术和知识等生产要素解放出来，把农村富余劳动力和具有创业能力的民间企业家的积极性、创造性解放出来，才有了生产力的大解放。

中国技术市场的出现，为1993年党中央在十四届三中全会上作出建立社会主义市场经济体制的决定，开辟了道路，创造和提供了宝贵经验。正是1978年国家提出改革开放，广大人民群众认真开展市场探索，才会有十四届三中全会的决定中写进"当前培育市场体系的重点之一是发展技术市场"这种市场经济的方向性意见。可以说，没有改革开放这样有时代意义的重大决策，没有旗帜鲜明地提出要"把党的工作重心转移到四个现代化建设上来"的任务,没有把"科学技术是第一生产力"和"科学技术现代化"等问题提到议事日程上,技术市场也就不会应运而生。因此,中国出现技术市场,有赖于我国作出了改革开放的决定,有赖于党中央作出了要把工作重心转移到社会主义现代化建设上来的英明决策。技术市场也就成了我国建立社会主义市场经济体制的探路人。

所以,中国共产党在推进改革开放的过程中,致力于研究的就是用什么样的体制、政策和措施,把生产过程中的人和物等各种要素解放出来。短短40年的时间,能让一个拥有十几亿人口的发展中大国摆脱了贫困,巩固和发展了社会主义,研究认为,最重要的经验就在这里!

第三节 商品经济为中国技术市场的形成开辟道路

我国的经济学家普遍认为,在社会主义经济中,计划与市场的关系问题,是一个世界性和世纪性的难题。他们经过几十年艰辛探索提出和论证的社会主义商品经济论与市场经济论,是中国经济学界对当代经济科学最重要的贡献。

社会主义商品经济论和市场经济论的形成与发展,大体经历了三个时期:

第一个是起始时期。时间是1949—1955年。这个时期在中国经济学论坛上占主导地位的是传统社会主义经济理论观点。这种观点认为商品生产是私有制社会的遗物,价值规律是社会主义的异己力量,市场是和社会主义计划经济相对立的。

第二个是探索时期。1956—1964年间,不少有影响的经济学家向传统经济理论开展挑战,提出了具有重大价值的观点和主张。如孙冶方提出,把计划和统计放在价值规律基础上,"千规律,万规律,价值规律第一条"。

第三个就是思想解放、认识飞跃的时期。从1977年开始,最具里程碑意义的是在1978年年底召开的党的十一届三中全会上,党中央提出拨乱反正,重新确立思想路线。

经济学界思想活跃,不断突破传统经济理论框框,探索社会主义经济的本质,在计划与市场关系问题方面,取得了一系列重要研究成果,对我国经济改革和发展起到了积极的推动作用。1979年4月在江苏无锡举行的全国经济理论研讨会的主题,就是探讨社会主义制度下价值规律的作用。会议提出了许多具有深远影响的理论观点,包括:肯定社会主义经济是商品经济;在社会主义经济中,价值规律起调节作用,竞争是其内在机制;企业是独立的或相对独立的商品生产者和经营者,要逐步扩大企业的自主权;改革不合理的价格体系和管理体制,逐步缩小工农业产品价格剪刀差。在1982年前后,对社会主义经济是不是商品经济、市场机制能否充分发挥作用的问题,经济学界展开了争鸣。最后在1984年10月党的十二届三中全会上明确:社会主义经济是有计划的商品经济。

到了20世纪80年代后半期,经济学家进一步提出,中国的经济改革应明确是市场取向的改革、市场化改革,包括:企业应成为市场竞争主体;价格改革的目标是建立市场价格体制,建立和发展包括商品市场与要素市场在内的市场体系;宏观经济管理要从直接管理转变为间接管理为主;实行全方位对外开放,参与国际市场竞争等。1992年春天,邓小平南方谈话中进一步指出:"计划多一点还是市场多一点,不是社会主义与资本主义的本质区别。"同年9月,党的十四大把我国经济体制改革的目标模式,确定为建立社会主义市场经济体制,使市场在资源配置中发挥基础性作用。在这一连串的理论建设之后,社会主义市场经济的理论,也就随着改革的推进,随着改革经验的日益丰富,得到了充实和发展。①

我国从提出改革开放到20世纪80年代末的这段时间里,在计划经济体制和商品经济之间存在某种联系与融合的背景下,"有计划的商品经济"理论的提出,就自然地为推进技术进入市场、科技人员进入交易领域和科研机构改革运行机制进入经济建设主战场,提供了极为重要的理论依托,也为实践提供了极好的机遇。技术市场正是在这样的机遇中,孕育、发芽、形成和发

---

① 参见张卓元. 论争与发展:中国经济理论50年[M]. 昆明:云南人民出版社,1999.

展,直至融入我国的科学研究、科技开发以及经济建设领域,为科技与经济的结合,摸索经验、探索规律。

中国技术市场从名词的提出,到在全国各地发展、扩散,再到开花结果,落实了党中央提出的科技要与经济结合的方针,完成了让科学技术变成生产力的目标,使中国经济出现奇迹般的快速发展。特别值得注意的是,1978年后,商品经济的出现和商品经济理论的提出,对人们思想的冲击是空前的。过去那种曾把商品交易说成是投机倒把的思潮被逼退出,取而代之的是商品交易的应运而生、蓬勃发展。尤其是提出了"经济建设必须依靠科学技术,科学技术工作必须面向经济建设"这个"面向、依靠"方针,以及"技术也是商品""技术成果要商品化"的理论,从而让人们去思索、去讨论、去研究,用什么方式去"依靠"以及用什么手段去"面向"。换句话说,就是科学技术部门要用什么体制去面向经济建设主战场,经济建设部门该用什么样的理念、体制与机制去依靠科学技术。

中国技术市场,正好是在两种经济体制交替的过渡期,跻身其中,成为科学技术面向经济建设、为其提供服务,以实现科技成果向生产力转化的"护身符""敲门砖"。从历史的角度看,技术市场被推上了国家经济建设的风口浪尖,并伴随着中国商品经济的发育、发展,引导和带领全国科技工作者、企业家,风雨兼程,走过了20多个年头,直到中国建立社会主义市场经济体制。

"技术也是商品"引出了"技术要商品化",紧接着提出"技术可以进入市场交易",可以像物质商品一样在市场中交流、"兜售、买卖"。可见,要是没有技术市场的出现和在市场中的"摸爬滚打",人们把技术市场依然当作"商场"去认识的话,技术市场这一生产要素市场的功能,也就远远发挥不到今天这样的程度。

回顾40年的实践,我们对中国技术市场的起源、形成和发展问题,可以作出这样的判断:它起源于党中央改革开放战略决策的提出,萌芽形成于商品经济时期,成熟在市场经济体制的建立时期。这样的认知脉络是符合历史和市场经济逻辑的。可以理直气壮地说,技术市场得益于中国改革开放的决定,它是市场经济的产物。离开市场经济,或者说脱离了市场经济的国家体制,技术市场也就不复存在。

第四节　技术市场助力中国市场经济体制的建立

20世纪80年代是我国科学技术事业发生巨大而深刻变化的时期，全国科学技术工作呈现出朝气蓬勃的新局面。1981年，党中央根据国家科委党组提出的要"加速科学技术成果的应用推广，实行有偿转让"的建议，以中央14号文件批转全国执行。1982年召开的全国科学技术奖励大会上，中央提出"经济建设必须依靠科学技术，科学技术工作必须面向经济建设"的基本方针。该方针在促进我国科学技术与经济、社会的协调发展，加速我国技术市场的形成方面，发挥了重要作用。1984年3月全国人大常委会通过了《中华人民共和国专利法（草案）》。我国技术市场工作开始步入有法可依、有组织、有领导的新阶段。在技术转移中，经营活动的多种形式、多种渠道局面的出现，交易活动规模与范围的不断扩大，为1985年3月中共中央出台《关于科学技术体制改革的决定》（以下简称《决定》）创造了条件。《决定》指出，"技术市场是我国社会主义商品市场的重要组成部分"，让技术成果的商品化这一原则问题，从理论上实现了重大突破，为国务院在1985年出台并付诸实施的《关于技术转让的暂行规定》，提供了充分的理论依据。全国上下冲破条条框框的限制，打破部门、城乡之间的壁垒，促进科研与生产的结合，推动科技工作面向社会、面向经济，开辟了知识形态商品的流通和交易渠道，也为科研机构改革拨款制度、实践科技单位经济自主，创造了条件。中央对科技体制改革的决定，从根本上颠覆了旧的科学技术管理体制，引导全国科研机构面向经济建设主战场，运用市场经济开展科技成果向生产力的转化；同时，为国务院的领导在1984年作出"要大力开拓技术市场"的指示，以及关于"要加速技术成果商品化"的重要讲话，作出了制度安排。特别是《决定》提出"技术市场作为科学技术体制改革的突破口"，既是给科研机构和科技管理体制指明了方向，也是从理论和功能上为技术市场定调。既然是突破口，那就不是一种商品买卖的场所，而是一种生产要素市场。中国技术市场是以要素市场的角色出现在市场上的,它进入到市场中,组织引导我国的科研机构和广大科技人员,在生产建设主战场上一显身手。这是党中央从实践角度明确了"什么是技术市场"这个最基本的理论问题。可见,这个时期也是我国科技工作承前启后、继往开来的重要时期。《决定》通过提出技术市场这样一个全新的市场经济课题,为中国确立市场经济地位,实现从理论到实践的转变,铺平了道路。试想,要是没有中央领导当时明确提出"要大力开拓技术市场",没有我国技术市场形成初期全国各地技术市场轰轰烈烈的活动,而是直接在第十四届三中全会上,突然提出要建立市场经济体制,甚至作出建立市场经济体制的决定,就必然是缺乏群众基础的,至少在科技成果应用推广的领域,将是思想准备不足、缺乏实践基础的。正是有了这个阶段的许多准备工作和铺垫,才会有后面科技工作和技术市场的大张旗鼓、大刀阔斧和大见成效。

技术市场开放之后,这条路怎么走?首先遇到的问题是技术市场与其他商品市场的关系问题,科技体制改革的决定,高瞻远瞩、提纲挈领地明确了这个问题,让科研机构与科技人员在市场经济将要到来之际,进入市场,喝上了"头口水"。

回顾我国从 20 世纪 70 年代末到 90 年代上叶的这段历史,可以将其总结为我国全面开拓技术市场最辉煌的时期。这主要得益于以下 5 个方面的重大举措。

第一,中共中央、国务院召开了两次科学大会。1978 年在中共中央、国务院召开的全国科学大会上,邓小平提出著名的"科学技术是第一生产力"的英明论断。1995 年中共中央、国务院召开了全国科学技术大会,颁布了《关于加速科学技术进步的决定》,向世界宣布中国实施"科教兴国"战略。

第二,中央两次三中全会作出的两个决定。1978 年年底在党的十一届三中全会上,作出了"党的工作重心要转移到以经济建设为中心的四个现代化建设上来"的决定。1993 年在党的十四届三中全会上,作出了《关于建立社会主义市场经济体制的决定》。

第三,国家提出了两大工作指导方针。1982 年国务院召开全国科学技术奖励大会,提出了"经济建设必须依靠科学技术,科学技术工作必须面向经济建设"的指导方针。1986年年底全国技术市场协调指导小组颁布了《技术市场管理暂行办法》，提出对技术市场实行"放开、搞活、扶植、引导"的工作方针，简称"八字方针"。

第四，全国人大出台了两部重要法律。1984年3月第六届全国人大常务委员会第四次会议通过了《中华人民共和国专利法（草案）》。1987年第六届全国人大常务委员会第二十一次会议通过了《中华人民共和国技术合同法》及相关规章，使技术市场活动和技术交易行为有了法律规范。

第五，经国务院批准出台了以市场为导向的两大指导性计划。1986年国务院批准国家科委推出了"星火计划"，这个计划能够帮助农民致富，消除农村贫困，并在提升农业产业水平上起到有效的市场化指导作用。1988年国务院批准国家科委实施"火炬计划"。该计划以发挥我国科技优势和潜力，促进高新技术成果商品化、高新技术商品产业化、高新技术产业国际化为宗旨，促进国民经济结构优化调整，提升改造传统产业，引导科技人员创新、创业，加速高新技术成果向现实生产力转化。

以上5个方面从科学技术与经济结合的角度，为中国建立市场经济体制、确立市场经济的地位、巩固改革开放成果奠定了基础，从而构建了新时代科技工作和技术市场工作的全新框架，促进了科技界自觉进入市场经济，融入市场经济。所以，以上5方面的政策支持是中国技术市场得以孕育、形成、发展、壮大和繁荣的重要条件，也是建立市场经济法制的一项重大创新，是对市场经济理论的重大贡献。

马克思主义认为，科学技术是生产力，而且是第一生产力。这是对人类几千年实践经验的高度概括与总结，是人类进步必须认知的一条颠扑不破的真理。技术市场作为市场经济的产物，伴随着中国大地吹响的改革开放号角，最先步入商品经济，并以科学技术成果向生产力转化、实现科技成果商品化为己任，解放思想，转变观念，创新模式，大胆探索，大刀阔斧地对计划经济中旧的科技体制进行改革；为科研人员走出实验室，科技成果向生产转移、向实现生产力转化，进行了大胆尝试，提供了新鲜经验和可供借鉴的实践成果，是对市场经济理论与实践宝库的丰富。

中国技术市场的这一创举，有力地推动了在旧体制下难以实现的科技成果向市场的转移、向生产力的转化。它为我国建立社会主义市场经济体制开辟了道路、积累了经验,为其他社会主义生产要素市场的早期孕育、快速形成、健康发育和迅速发展,创造了条件,也为推进中国经济从计划经济向市场经济体制的根本转变,做出了巨大的贡献。

第二章 中国技术市场的立论基础

1985年，中共中央在《关于科学技术体制改革的决定》（以下称为《决定》）中指出，现代科学技术是新的社会生产力中最活跃的和决定性的因素。随着世界新技术革命的蓬勃发展，科学技术日益渗透到社会物质生活和精神生活的各个领域，成为提高劳动生产率的重要源泉，成为建设现代精神文明的重要基石。在社会主义现代化建设中，全党必须高度重视并充分发挥科学技术的巨大作用。《决定》还对技术市场的性质、功能、作用、任务及理论源泉作了精辟论述。

技术作为生产要素，以特殊商品的形态进入市场、参与交易，直到转化为现实生产力，这一过程是技术市场最本质、最基础、最重要的任务，也是开放中国技术市场最根本的使命所在。回顾40年来中国技术市场的光辉历程，总结和提炼其中的科学规律，寻求中国出现技术市场这一现象的理论依据，对技术进入市场完成转移、实现转化的整个过程，进行追索、考察与思考，从中找出规律，有利于人们掌握技术市场在推进技术成果向现实生产力转化进程中的理论依据和立论基础，有利于人们科学驾驭技术市场的形成规律、运行规律和活动规律，从而实现从理论到实践、从必然王国向自然王国的跨越。

第一节 "科学技术是生产力"奠定了技术市场的理论基础

"科学技术是生产力"，是马克思主义的基本观点，是得到实践证明的真理。我国实行改革开放是中国技术市场萌芽、形成、发展乃至成熟的理论基础和立论基础。离开了这个基础,技术市场也就不复存在。

中国的科技工作者和经济工作者,不但要认识生产力的关键作用,还要认识在现在的世界里,什么才是真正的"先进生产力"。在马克思的时代,先进的生产力反映在传统的工业产业上,如钢铁、铁路……而今天,先进的生产力则是以信息、生物工程、新材料等高科技为基础的高新技术产业。现在关注发展生产力,不只是关注一般的生产力,而是要特别关注作为第一生产力的科学技术的发展。这是在新的历史时期,时代赋予技术市场的新的历史任务,也是中国在市场经济体制下需要正视的问题,技术市场应当做好这篇新文章、大文章。

马克思曾指出:"生产力中也包括科学"[1],"固定资本的发展表明,一般社会知识,已经在多么大的程度上变成了直接的生产力"[2]。马克思还深刻地指出:"社会劳动生产力,首先是科学的力量","大工业把巨大的自然力和自然科学并入生产过程,必然大大提高劳动生产率"[3]。马克思主义的这些经典理论,必然成为技术市场最根本的立论基础。

早在1975年,邓小平在指导起草《中国科学院工作汇报提纲》时就指出,要以马克思关于"生产力中也包括科学"的这一观点为依据,并明确指出:"科学技术是生产力,科技人员就是劳动者!"这在当时是具有方针性意义的,它为以后我国提出实施改革开放,提供了最基础、最根本的理论指南和坚强的实践依托。在1978年召开的全国科学大会上,邓小平重申了"科学技术是生产力"这一马克思主义论点。继而,这成为十一届三中全会上要把"党的工作重心转移到以经济建设为中心的社会主义现代化建设上来"重要纲领的理论源头。

随着我国改革开放的不断深入,人民对科学技术的认知度逐渐提升,依靠科学技术推进经济发展的热情和自觉性日益高涨,积极性也与日俱增。

---

[1] 马克思,恩格斯. 马克思恩格斯全集:第46卷(下册)[M]. 中央编译局,译. 北京:人民出版社,1980:211.
[2] 马克思,恩格斯. 马克思恩格斯全集:第31卷[M]. 中央编译局,译. 北京:人民出版社,1980:111.
[3] 马克思. 资本论:第1卷[M]. 中央编译局,译. 北京:人民出版社,1975:424.

1988年，邓小平在会见捷克斯洛伐克总统胡萨克时指出："马克思说过，科学技术是生产力，事实证明，这话讲得很对。依我看，科学技术是第一生产力。"该论断精辟地揭示了科学技术在现代社会中的重要地位，为我国改革开放初期，直到建立社会主义市场经济体制后的科技发展时期，指明了方向。此后，"科学技术是第一生产力"的论断就成为指导中国改革开放和现代化建设的灯塔，成为引导中国社会和广大民众从封闭的管理体制中走出来，大踏步地走向市场，落实中央经济建设部署的重要方针。

在这样的背景下，1986年，作为向旧科技计划体制挑战的第一个以市场为导向的科技计划——"星火计划"的实施，激励着广大科技人员和数以亿计的乡镇农民。全国科学技术领域几乎是全力以赴，从国家领导人、企业家、科技人员到乡镇干部、工人、农民，都在谈论"星火计划"，都在实施"星火计划"。"星火计划"成了改变中国农村落后面貌，推动中国经济上台阶的重要法宝，全国人民无不兴奋欢腾。1995年，中央提出的"科教兴国"战略，也是基于"科学技术是第一生产力"这一理论指导。随后，国家提出"发展高科技""应用新技术"等口号，并出台了一系列政策措施。大批国家项目、重点工程先后上马。国家工业化、信息化随之获得快速发展。开放技术市场后，广大科技人员、科研机构及广大企业情绪高涨，特别是国务院提出技术市场要"放开、搞活、扶持、引导"的工作方针，极大地激励了全国人民创新、创业，提升了推广与转移技术成果的积极性。乡镇工业的异军突起，使全国面貌发生了深刻变化。最早获得改革开放雨露的一些江南省市的经济增长令人惊叹，这些地区的经济形势很快呈现出"半壁江山"和"三分天下有其二"的可喜局面。

国家从重视科技到提出"科学技术是第一生产力"，到后来提出"中国制造"，再到"中国创造"等一系列创新理论的提出，使我国科学技术事业借此得到了迅猛推进和快速提升。1999年，国家召开全国科技创新大会，提出建设国家知识创新体系，再次强调加速科技成果向现实生产力的转化。2006年，中共中央、国务院在全国科学技术大会上还提出了"建设创新型国家"的目标，并发布《国家中长期科学和技术发展规划纲要（2006—2020）》。改革开放30周年时，中国的经济总量已经达到世界第四，积极参与到经济全球化的竞争之中。改革的成功,证明科学技术发挥了巨大作用,马克思主义的第一生产力理论产生了巨大动力,特别是在国家建立了社会主义市场经济体制之后,经济腾飞的现象更是足以证实这一点。

40年改革开放的光辉历程,与邓小平提出的"科学技术是第一生产力"的实践时间同步,与中国技术市场的兴起、形成并发展到今天初步繁荣的时间同步。在国家提出商品经济和价值规律之后,到1993年中共中央正式作出《关于建立市场经济体制的决定》,科学技术在此期间所发挥的作用有目共睹、有口皆碑,广大科技人员、科技工作者和广大企业家、经济工作者在此期间也做出了卓越贡献。

随着经济发展和社会进步,人们对生产、生活的需求日益旺盛,科学技术进入超常规发展的时期。现代技术成果层出不穷、琳琅满目,科学技术越来越成为生产力解放和发展的重要基础与标志,高新技术已成为当代人改造和驾驭社会生产力的技术制高点。研究证明,世界各国综合国力的竞争,其核心和关键除了技术市场的充分发育,还在于需要有与其他生产要素市场的良性互动和融合的市场经济环境。今天,知识创新、技术创新和高新技术产业化,已成为我国推进科技进步的常态化工作,科技创新将成为当今社会生产力解放和发展的重要标志,它决定着国家、民族的发展进程。一个国家、一个民族如果没有创新、不能创新,那么这个国家、民族就难以兴盛,更说不上屹立于世界民族之林。

在当代历史条件下解放和发展生产力,就必须深刻领会"科学技术是第一生产力"光辉思想的深刻内涵,高度重视技术创新和知识创新。当今世界,谁具有高新技术的优势,谁就掌握了经济和政治竞争的主动权。我国作为独立的社会主义大国,必须在高科技发展上,占有自己的位置。只有大力推动科技进步,发展高科技,实现高新技术产业化,抢占当代先进生产力的制高点,才能代表先进社会生产力的发展要求,才能在国际竞争中立于不败之地。人类对科学技术从"间接的生产力"到"直接的生产力"再到"第一生产力"的这种认知,是对社会生产力内涵的认识的深刻演进,是马克思主义生产力理论的新的丰富,它客观深刻地揭示了近现代人类社会之所以会发生如此迅速和巨大变化的根本原因。

第二节　劳动产品理论与商品经济理论是技术市场的两块基石

从研究技术市场理论的角度来看,技术具有4种属性,即知识属性、能力属性、资产属性和商品属性。在商品经济、继而进入市场经济的背景下,商品属性是这4种属性中的重要属性。商品属性中的劳动价值、要素价值和边际效用价值的理论,为技术以商品形态进入市场流通、实现交易提供了可能性。特别是在建立社会主义市场经济体制之后,这种属性起到特别重要的作用,但也给从事技术市场活动的人们带来了许多困惑。

劳动价值论认为,技术作为商品进行交易时的价格,必须充分考虑生产该项技术的社会必要劳动时间。技术在生产时需要的社会必要劳动时间的长短,将在一定程度上决定该技术交易价格的高低。同时,还得考虑各种生产要素的价格构成,尤其要注意对研制成本、流通费用、税金与利润等项目分别进行量化,它们也会对技术的价值和交易价格产生影响。在技术市场处于初级阶段时,许多参与技术交易的人,特别是那些出让技术的科技人员,对此会比较关注。

此外,技术以商品的形态进入市场交易,实现交换,能为拥有这项技术的受让方带来多少效用,决定着该技术的价值,并影响其价格,这是受让方最为敏感和关注的问题,也是技术市场活动非常棘手的难题。在市场交易实践中,发明者作为技术出让方,耗费精力、花费心血发明的技术却往往不能卖出理想的价格;而受让方在技术交易市场中,追求的是应用该技术之后,能为其带来真正的效用和效益。因此,由于出让方与受让方所处立场的不同,两者很难在技术价格上达成共识。尤其当受让方尚未体会到技术价值的"远景"时,自然会与出让方对技术价格进行再三周旋。然而,在技术交易市场中,虽然效用决定价格,但劳动价值和要素价值在这时并非是影响价格的主要因素。这时技术应用于市场的规模,决定着该技术的市场交易价格。

正是由于技术这种有别于普通商品的特殊性,才使得在技术入市进行交易成为可能的同时,也给交易的实现带来了许多新的难题。当然,凡是技术通过交易实现交换之后,能极大地激发技术发明者的劳动积极性和创新性,这已被中国技术市场40年的实践所证实。

由此可见,奠定技术市场立论基础的,除了上文提到的"科学技术是生产力"的理论之外,还有"技术成果是劳动产品"和"技术也是商品"这两个重要理论。"技术成果是劳动产品"和"技术也是商品"的理论是技术市场产生、形成和发展的两块基石,也是推进中国技术市场向更高层次发展的主要理论基石。离开这两块理论基石去研究和实践技术市场,就会陷入认识误区,从而无法走出技术市场的认识"泥坑",永远在混沌中徘徊。所以,认识技术市场,首先得认清和理解"技术也是商品"这一观点的内涵,就得认识和承认在商品经济环境中,"技术成果是劳动产品"是一种"附加值很高的特殊劳动产品"。

技术是科技人员经过劳动获得的劳动产品,虽具有一般商品的普通属性,但是,技术具有与普通商品不同的特殊性,这决定了它不具有完全意义上商品的全部属性,决定了它在参与市场交易、交换过程中的复杂性和风险性。在研究时需要注意"技术也是商品",但并不等于所有技术都要或者都能以商品的形态进入市场交易和交换。40年来,这是人们认识和实践"技术"与"商品"问题时,在技术市场活动中的一个难点。

2017年4月,山东理工大学毕玉遂教授率领团队研发的"聚氨酯新型化学发泡剂"20年的独占许可使用权卖出5.2亿元的价格,创下了全国高等院校和研究机构出让技术最高价的新纪录,也刷新了国内科技成果转化的新纪录。该技术长期被欧美国家垄断,2003—2017年,毕玉遂教授及其团队在研究开发的道路上,耗费了难以计数的智力、物力、精力、时间,克服了重重困难与阻碍,最终取得了这次科研"长征"的胜利。这一科技成果的成功出让,说明了两个十分重要的问题:一是说明中国的技术市场已趋向成熟,这在技术市场初创时期是不可想象的。这是市场经济的作用,是中国建立社会主义市场经济体制后出现的重大成果。二是这是一个劳动价值、要素价值与效用价值三者得到完整统一的典型案例。技术市场交易中的这个成功案例,值得从事技术市场工作的同志们学习和研究。

一、技术成果是劳动产品

劳动产品的理论,在一定程度上支撑了"技术也是商品"观点的科学合理性。换言之,"技术也是商品"的观点,是建立在劳动产品理论的基础上的,目的是解决技术以商品的形式进入市场交流、交易,最终实现交换的一个基础性问题。

劳动产生价值,应用产生使用价值。一切商品对其所有者来说,是非使用价值,可是对它们的非所有者来说,就是使用价值。因此,作为商品就必须全面转手,技术以商品形态进入市场,转手后形成了商品交换,这种交换使商品彼此作为价值发生关系,并作为价值来实现。可见,商品在能够作为使用价值实现以前,必须先作为价值来实现。然而,在商品能够作为价值实现之前,必须证明自己的使用价值,因为耗费在商品上的人类劳动,只有耗费在对别人有用的形式上,才有意义,才有效用,才有价值。科学技术人员作为技术成果的生产者,即劳动者,他们的这种劳动对别人、对使用者是否有用,这个劳动产品,是否能够满足别人的、技术受让人的需要,只有等到这项技术以商品的形式,在市场中实现交换之后,才能得到证明。所以,技术成果同普通商品一样都是人类的劳动产品,是无须怀疑的。

技术作为劳动产品,也可以成为商品。这是从可以进入市场交易与交换的这一特定意义上说的,这里的"也可以"表明参与市场交易的技术具有商品的二重性,但它并不具有商品的全部属性。技术以商品的形态进入交易市场,有其他普通商品不具备的特殊性,它的交易规则、定价规则和交换规律、使用规律,是普通商品难以比拟和企及的。

技术成果作为劳动产品,有价值和使用价值。这个命题的提出,有其深刻的时代背景和历史原因。1978年后,党的工作重心转移,提出"科学技术是第一生产力",提出"经济建设必须依靠科学技术,科学技术工作必须面向经济建设",要求科技进入经济领域,实现"科技与经济的结合",解决科技与经济"两张皮"问题……这一系列举措成为国家结束"文化大革命"后的必然。在当时价值规律的理论引导下,国家的治理体制也开始从计划经济逐渐向商品经济过渡。在这样的社会背景下,才有了"科技成果商品化"的口号。在

"技术也要商品化"的口号下,作为工人阶级一部分的科技人员,进入经济建设主战场实现其价值,就成为现实。此外,中央《关于科学技术体制改革的决定》,提出了"技术市场是我国社会主义商品市场的重要组成部分",深刻揭示了技术可以以商品形式进入市场交流和交换的客观必然性、合理性。在开放技术市场初期,人们之所以把技术市场看作是"技术商品进行交易交换的场所",就是在这样一种背景下产生的。按照马克思劳动价值论观点,这从一个侧面也反映了人们对技术同样具有普通商品属性的一种认识。

马克思认为,商品的价值量与体现在商品中劳动的量成正比,承认劳动产品,就得认识劳动者的作用与贡献。这在中国改革开放前的计划经济时期,是做不到的。"科技人员是工人阶级一部分",是在党的十一届三中全会上提出的,这在当时是一个认识难点。首先必须承认科技人员是工人阶级,是工人阶级的一部分。这一点,普通百姓都能理解,工人阶级就是劳动者。从逻辑上来看,第一,技术成果是一种有价值和使用价值的劳动产品,可以在商品经济的环境和条件下进行流通、交易和交换;第二,科技人员是劳动者,是工人阶级的一部分,是在推动生产力发展中起重要作用的劳动人民。于是,为了充分肯定科技人员在经济、社会发展中的重要作用,中央提出了"尊重知识、尊重人才"的"双尊"理论。有了这个理论,才有了后来党的落实知识分子政策和鼓励科技人员创新、创业的措施,有了从国外引进人才的政策和后来鼓励科技人员创新、创业的各类政策措施。

改革开放后兴起的商品市场,出现了轰轰烈烈的商品交换活动,成了技术进入市场的敲门砖,这不仅敲开了科研机构的大门,敲开了科技人员通向生产建设主战场的大门,同时也敲开了技术成果实现转化的梦想之门——其实也是一扇被封闭了几十年的科学研究通向经济建设的门。以上所说的中央这些举措,自然就满足了广大科技人员的共同心愿和迫切要求。"技术成果是劳动产品",这话讲到了科技人员和知识分子的心坎上,也受到了他们的热烈欢迎。

二、技术也是商品

从商品经济理论出发,技术的商品性问题,完全取决于技术是否有价值和使用价值。1984年,党的十二届三中全会作出的《关于经济体制改革的决定》,突破了把计划经济同商品经济对立的传统观念,第一次提出了我国社会主义经济是公有制基础上的有计划的商品经济。从此,商品经济深入人心,为社会主义市场经济体制的逐步确立奠定了基础。

在理解"技术也是商品"这一观点时,要把握好以下3点:第一,技术具有物的属性,反映的是人与物的关系;第二,技术既具有使用价值的一般属性,又具有使用价值的特殊属性;第三,技术的科技价值这一核心因素,实质是要解决好人与人的关系(即技术的创造者与将技术转化成产品的生产者的关系),这种关系要通过市场调节和生产要素的组合配置来解决。

技术市场的实质是指一种知识形态商品交换关系的总和。以前根据商业部门的规定,商品概念在我国通常是按照其关系国计民生的重要程度和需要调剂的范围大小,分成3类:第一类商品是指国家统一收购、统一销售和与国计民生关系重大的商品,如粮食、食用油、棉花、汽油、柴油等。这类商品的收购、销售、调拨、储存、进出口等指标,全部由国务院管理。第二类商品是指对国计民生必要和重要的商品,或者是生产集中、供应面广,或者是生产分散但需要保证重点及出口需要的重要商品,如生猪、苎麻及某些药品和中药材等。这类商品的计划,也是由国务院有关部门管理,一般只规定收购、调拨和进出口指标。第三类商品是指第一、二类商品以外的所有商品,如小百货、非集中产区的干鲜果品等。这一类商品种类繁多,产销的情况也比较复杂,基本上不纳入计划,由地方自行安排和市场调节。这3类商品的划分范围及管理,在改革开放之后,尤其是国家提出商品经济和经济学家提出价值规律的理论之后,都适时地进行了相应调整。到了20世纪80年代后期,计划经济逐渐退出历史舞台,市场调节渐渐取代了计划指令,市场经济开始居于主要地位,许多商品取消凭票供应,基本向市场放开。可是,在这种传统的商品概念下,技术成果其实是没有明确在商品种类之内的。

技术作为商品,具有商品的二重性,也就是具有价值和使用价值。同样,其"作为用来交换的劳动产品,必须是一个有用物,以它的自然属性来满足人们的某种需要"。商品能满足人们某种需要的有用性,就是商品的使用价值。不过,一般实物商品的使用价值,是在生产过程中就确定的,具有终端性。如某一汽车的生产企业,接受某消防单位委托,要求该生产企业帮助其生产一种用于消防的汽车产品。这种产品,就其使用价值来说,是为了满足消防单位进行城市消防的需要,这是产品的定向性用途。承接生产任务的企业完成消防汽车产品的生产过程,按相关技术标准和委托单位提出的要求,验收合格,消防汽车交货给委托单位之后,任务就完成了。但是,技术商品不一样,技术产品的研发与生产应用过程不具有终端性。多数技术成果在进入开发应用时,因市场变化与技术上的变化而发生调整是常态。在这一阶段中,科技人员的工作量和研发要求,并不亚于创新成果在研究阶段的工作量和研究要求。

技术市场不仅是为技术的流通提供舞台,也是为实现这种技术的使用价值提供服务的。技术成为商品,虽然是技术市场产生和发展的前提条件,但技术市场的产生和发展,也为丰富技术的内涵和外延,为其开展服务提供了条件,开辟了道路。在我国,技术市场的出现是社会主义生产发展的客观要求,是科学技术社会化的必然产物。

技术以商品形式进入市场,其使用价值与价值之间,既相互区别、各不相同,又相互依存、有机结合;既各自运动、各具规律,又相互促进、互相渗透。这种"相互区别、各不相同"和"各自运动、各具规律",是技术以商品形态完成交易转移,在进入转化运动过程时规定的,也是技术向生产力转化所必需的。而"相互依存、有机结合"和"相互促进、互相渗透",却是技术向生产力转化过程中,需要人类劳动的体现。这种技术从实验室向生产一线转移、转化的过程,需要众多因素的综合运动才能完成,其核心要素是"人",包括拥有该技术的创新者和将该技术向生产力转化的生产者,以及相关生产要素中提供服务的劳动者——这种服务在实践中具有很强的人为性,存在很大差异性。

所以,"技术也是商品"这一观点的诞生,在实践中有两个问题。

一是技术的指向。从转移的形态看,技术转移和转让的形态很多,在国家法律中,统一规定入市的技术分为3种:第一,完整的技术成果转让和因技术转让引起的技术开发、技术咨询与技术服务。第二,按转让技术的内容分,有的是可供直接交易的完整技术成果,有的是样品,也有的是形成了的产品,有的只是图纸或数据,甚至是科技人员头脑中的一个想法。第三,按转让技术的完整性分,有的是单个产品的技术,有的是完整产品的整套技术,有的是单项技术,有的则是经过集成或其本身就是集成技术。不同的技术形态和技术转让形式,在交易过程中呈现多元性、复杂性和特殊性,这是一般商品无法比拟的。

二是交易的目的。技术入市交易有3种目的:第一,达到交换的目的,即乙方拿到甲方的技术,并向甲方支付报酬。这叫"用技术换回了货币"或"用货币买回了技术"。第二,满足转化的目的。转让后的技术,通过应用(即消费),完成研究开发与生产之后,生产出成为在商品和生产资料市场流通的消费品。第三,实现权属和利益分享的目的,即完成和实现技术与货币的交换及权利的确定。这对技术这种特殊商品来说,会有3个难以逾越的屏障:其一,技术即使在完成交易后,双方交换前约定的目标也不可能会很快、完全实现。技术出让方将技术交到受让方手中,受让方通常会随该技术转化实现的程度,依照合同约定,逐项梯次支付费用,或用其他方式(如技术入股等),去实现交换目的。其二,技术无法像普通商品那样,通过阅读说明书就能使用,从而实现消费。它需要技术受让方在接受技术后继续承担漫长、且有一定失败风险的消费过程。有的风险和权利义务问题,需要在交易前与出让方约定,并在合同中清楚表述。其三,技术作为特殊品,有逸出和能被多个主体占有的特征。知识产权的市场保护,成为交易双方共同关心和担心的问题。与普通商品相比,技术存在许多常人无法预测和判断的因素。普通商品实现交换比较简单、快捷,一手交货、一手交钱,即交易完成,交换结束。技术则不同,完成交易后,其主体发生变化,技术的所有权和使用权也因此发生变更,表明技术交易双方形成了新的合作关系。所达成的某些约定,只是技术产品"消费"的开始,"交换"还在进行中,而且是会在漫长的成功与失败交互运动中,不断接受考验。技术完成交易与交换后,是否能顺利完成开发,实现知识形态成果,变成物质形态的产品,成为可供批量生产并能满足广大消费者需要的商品,这取决于多种生产要素的合作互动,取决于社会上多种外界条件与环境的制约和干扰。因此,在技术市场的实践中,有两个不等式需要注意:技术入市流通不等于该技术就能够进行交易或实现交换;技术完成交易后,不等于该技术已经实现了全部交换过程和获得了预期的结果。

价值和使用价值,是商品的基本属性。技术既然也定义为商品,说明技术不能违背商品的一般属性。可是,技术的特殊性,又决定了它的价值体现是在实现其使用价值时才能完成的。当技术转化成为进入人们生产、生活消费领域的商品之后,它的使用价值和价值才算实现。这是技术在转移过程中知识价值的体现,体现了技术市场独有的交易特殊性,也是研究技术市场的一个重要的理论难点。正是技术交易不同于普通商品的交易过程,技术在转移上的复杂性、风险性和前景不可预测的特征,成为人们彻底否定"技术市场是技术成果交流交易的场所"这种"场所说"的重要理论武器。

第三节 生产要素市场理论是技术市场的理论核心

技术市场的本质,是要围绕技术成果向生产力转化的目标,通过发挥技术的先导作用,按照技术转化的规律引导其他生产要素市场发挥各自的功能,参与运动。它们都是社会主义重要的生产要素市场,都要在商品经济和市场经济的条件下运动。技术市场不是场所,更不是用来买卖技术的商场。技术市场与其他生产要素市场一样,必须以商品经济或市场经济的环境为条件、作基础。

从生产要素市场在我国诞生的时序上考察,中国的技术市场,先于信息市场、人才市场。在20世纪80年代初技术市场处在萌芽的时候,我国的人才市场和信息市场还没有形成,资本和土地、房地产市场也尚无踪影。其实,技术市场与信息市场、人才市场和资本市场一样,都不是商场概念上的商品市场,都是市场经济的产物,都是依赖市场经济的出现而发挥作用。它们与市场经济有着千丝万缕的联系,它们都是市场经济的重要组成部分。

回顾改革开放以来的历史,中央曾对关于市场经济体制方面的问题作过两次重要决策。

其一,是1993年党的十四届三中全会通过了《关于建立社会主义市场经济体制的决定》。这一《决定》指出,"经济体制改革是一场涉及经济基础和上层建筑许多领域的深刻革命,必然要改变旧体制固有的和体制转变过程中形成的各种不合理的利益格局,不可避免地会遇到这样或那样的困难和阻力。"

其二,是2003年党的十六届三中全会通过了《关于完善社会主义市场经济体制若干问题的决定》。这一《决定》再次指出:"对垄断行业要放宽市场准入,引入竞争机制。有条件的企业要积极推行投资主体多元化。继续推进和完善电信、电力、民航等行业的改革重组。加快推进铁道、邮政和城市公用事业等改革,实行政企分开、政资分开、政事分开。对自然垄断业务进行有效监管。"

中央这些关于市场经济的重要决策,在社会主义制度下,既是对市场经济理论的丰富,也是中国技术市场立论、发育、发展和繁荣的根基。

我国最早提出商品经济是在1984年,当时国务院领导人提出"要发展商品经济,走出计划经济窠臼"的主张,并强调了要"实行计划与市场结合"。这在当时是非常大胆的创见,得到了邓小平的高度赞赏。接着就有经济学家提出了价值规律等方面的理论问题。在理论界,还有"千规律,万规律,价值规律第一条"的说法。此时的全国人民处在力图摆脱计划经济的束缚,试图在商品经济大潮中一显身手的时期,商品经济的提出和实践,对我国来说是一件顺应时代、顺应国情、顺应民心的事情。

在这样的背景下,中国广大科学技术工作者和早先涉足商品经济与市场经济的企业家们,凭借他们对技术市场的粗浅理解,勇敢地在刚刚开放的技术市场里大胆实践,从正反两个方面的经验教训中,获得对市场经济的新认知。在市场经济条件下,各种生产要素能够自觉地在技术市场这一生产要素市场的引领下,开展生产要素和要素市场的互动,这是国家推动经济社会发展的一种有难度、高风险和高级别的市场运动。实践充分证明,在技术成果转化的整个过程中,我国技术市场的开放,成为激励人们、引导和组织各种生产要素与要素市场互动、实现技术转化的一种强大动力。各种生产要素通过技术市场的合理配置、良性互动、有机融合,实现了科学技术与经济的结合。

所以说,技术市场不会像普通商品市场那样,只要把"技术"放进商场去"卖"了,由消费者"买"回去照葫芦画瓢,就能"消费"的,这种对技术商品的浅见,是荒唐有害的。今天,人们所以能客观认识技术市场,是许许多多的技术市场先行者和企业家,经过无数次的失败,用汗水和鲜血换取的。经验教训来之不易,已被早年在市场经济大潮中下海的创业者们所证实。正因为技术不同于普通商品,所以技术市场必须是一个能够与信息市场、人才市场和资本市场，互相依靠、互为条件、相互作用，为技术交易、交换、转化营造良好的技术成果转移、转化环境的生产要素市场。研究认为，单一的技术市场是不能、也不可能转化技术成果的。那种把技术市场当作交易交换技术成果的场所的认识，是幼稚和荒唐的。

1987年10月，党的十三大报告指出："社会主义市场体系，不仅包括消费品和生产资料等商品市场，而且应当包括资金、劳务、技术、信息和房地产等生产要素市场；单一的商品市场不可能很好发挥市场机制的作用。"在这之前的1984年10月，中共十二届三中全会通过的《关于经济体制改革的决定》中也提出："进一步贯彻执行对内搞活经济、对外实行开放的方针，加快以城市为重点的整个经济体制改革的步伐，以有利于更好地开创社会主义现代化建设的新局面。"这些观点都为党的十三大提出"生产要素市场"这一新鲜命题奠定了舆论基础。

1992年10月，党的十四大报告就专门对技术市场的内涵作了描述："技术市场是社会主义统一市场的重要组成部分"。技术市场是"重要组成部分"，当然不是市场的重要成员，而是在商品经济和市场经济条件下的生产要素市场。接着，中央在1993年的十四届三中全会上作出的《关于建立社会主义市场经济体制的决定》中，又进一步开宗明义地指出"当前培育技术市场体系的重点之一是发展技术市场"。

1995年，中共中央、国务院在北京召开全国科学技术大会，作出了《关于加速科学技术进步的决定》，提出"科教兴国"战略。中共中央十四届五中全会确定的我国经济和社会发展"九五计划"中，又明确指出"要使我国经济富有活力和效率，必须充分发挥市场机制的作用"，特别强调"凡是应当由市场调节的经济活动，要进一步放开搞活，激发经济活力"。这个"放开搞活"的论点，正好与国务院在1985年对全国技术市场提出的要实行"放开、搞活、扶植、引导"的方针，不谋而合。因为"放开、搞活"符合市场经济的原理和本质，并且其源于技术市场与市场经济的一脉相承，所以这一理论渊源成为技术市场的立论基础。

1999年8月，中共中央、国务院召开技术创新大会，作出《关于加强技术创新，发展高科技，实现产业化的决定》，提出要深化科技体制改革，"促进高新技术成果商品化、产业化"。2002年11月，党的十六大报告中提出"健全现代市场体系,发展产权、土地、劳动力和技术等市场"。2003年10月党的十六届三中全会发布的《关于完善社会主义市场经济体制若干问题的决定》中提出"加快发展土地、技术、劳动力等要素市场"。2006年3月,第十届全国人民代表大会第四次会议批准的《中华人民共和国国民经济和社会发展第十一个五年规划纲要》指出,要"完善商品市场,健全资本、土地、技术和劳动力等要素市场","积极发展技术市场","单一的商品市场不可能很好发挥市场机制的作用"。2007年10月党的十七大报告又明确指出:"加快形成统一开放竞争有序的现代市场体系,发展各类生产要素市场,完善反映市场供求关系、资源稀缺程度、环境损害成本的生产要素和资源价格形成机制。"可见,技术市场在联结资本市场、劳动力市场、信息市场等生产要素市场中,具有先导地位。2012年11月党的十八大报告重点提出要"充分发挥市场在资源配置中的决定性作用","要更好地发挥政府作用"。

这一系列论述说明,生产要素市场的理论已经成为技术市场的理论核心,对问题的认识也已经非常清楚。应该说,无论是中央关于建立市场经济体制的决定,为市场经济描绘的蓝图,还是围绕市场经济阐述的原理和规律,对生产要素市场特别是对技术市场三番五次的强调和告诫,这几十年来要是人们都能够很好地去认真学习和理解,认真地去落实,真正从思想上重视对这一生产要素市场的研究,在行动和实践上能集中精力去培育与建设,中国技术市场的状态将远远好于现状。

研究认为,市场经济条件下,从配置科技资源的角度去认识技术市场,认识技术市场的生产要素市场本质,深入开展对技术转化的功能性、特殊性、重要性及其活动的规律性的研究与探索,已经成为今天必须认识这个生产要素市场的重要任务。

第四节 知识产权制度是技术市场的重要法律保障

专利是商品经济和工业竞争的产物,专利制度的产生、发展与商品经济的产生、发展紧紧联系在一起。马克思主义告诉我们,商品生产是社会发展到一定历史阶段的产物,它的存在必须以两个条件为前提,一是有社会分工,二是生产资料和劳动产品分属于各个不同的所有者。社会分工使生产者相互依赖,彼此需要对方的产品,而生产资料和产品属于不同的所有者,又使他们互相独立,存在着不同的经济利益。因此,他们不能无偿转让产品,必须按生产每个产品耗费的社会必要劳动时间进行交换。在我国实行专利制度,正是为了在知识产品领域杜绝无偿占有他人智力劳动成果的现象。可以说,我国建立专利制度是实行改革开放,建立对外开放、对内搞活经济体制的有机组成部分。

追溯我国的专利制度,清朝光绪年间就开始有类似的专利法规。辛亥革命以后制定了几个奖励工艺品或工业技术的规章,对新技术授予专利权。1944年中国制定了第一部正式专利法,由于各种原因,成效不明显。新中国成立后,当时的中央人民政府政务院在1950年批准公布了《保障发明权与专利权暂行条例》,1953—1957年授予了几个发明权与专利权,以后即停止施行。1963年公布了发明奖励条例,到1978年该条例又重新修订公布。

1978年改革开放以后,我国开始筹建专利制度。1980年年初,国务院批准成立专利局。经过几年的努力,终于在1984年3月12日全国人大第六届常务委员会第四次会议上,讨论通过了《中华人民共和国专利法》,并在1985年4月1日正式施行。该法案的实施是我国改革开放后的一项重要决策,为技术市场的形成与发展提供了重要保障。

我国的专利法既考虑了国际条约中保护工业产权立法的基本原则,又充分考虑了我国的国情,正确调节了发明创造者、发明所有者和发明使用者之间的关系,在结构上独创性地把发明、实用新型、外观设计3种专利有机地融合在一部法律中。例如,专利法中把"发明"明确为"指对产品、方法或者其改进所提出的新的技术方案"。这种新的技术方案,指利用自然规律解决了技术问题,设计了一种新的产品或者方法,或者对原有的产品或者方法作了改进,满足了人们生产或生活上的需要。而对实用新型和外观设计的要求就相对低一些。例如实用新型的专利一般是指有实用价值的小工具、小器具等。

外观设计是指工业产品的外表具有装饰性或者富有美感的式样,它只是一种美术创作,并不涉及产品的技术功能,也不同于一般的艺术品。这些条件充分考虑了中国企业科技水平普遍不高但量大面广的实际情况,适合我国社会主义初级阶段的特点。

专利制度是用来调整发明人和使用发明成果的人之间所产生的社会关系的一种法律制度。它的实质是依照法律确认和保护发明的产权。技术市场的开放,技术、人才和资本的广泛流动,推进了技术转移的大量出现,促进了许多技术快速地向生产力转化。科技人员和企业家、资本投资人及相关人员联合开展技术转化工作,将成为普遍现象。在这样一种市场氛围下,中国技术市场的重要使命,除了要广泛鼓励和激励广大研究机构与科技人员踊跃投身祖国经济建设的主战场,同时还必须注意通过法律的手段,保护广大科技工作者创造发明的积极性和创造性,知识产权制度便应运而生。这是商品经济的产物,是社会主义市场经济的重要组成部分。

在我国,专利制度的建立与开放技术市场同步,两者都是商品经济和市场经济的体制下,在同一条道路上相互促进、互为因果的产物。专利法的颁布,明确承认创造性脑力劳动的价值,明确规定保护发明创造专利权,大大调动了人民群众发明创造的积极性,打开了蕴藏在我国人民中的发明创造的智慧源泉。专利法正式实施的1985年4月1日,国家专利局收到专利申请3 455件。到1988年,3年内收到的专利申请跃升到92 000多件,其中国内的申请量为73 000多件,约占79%,而国外的申请量达到19 000多件,约占21%。中国专利制度的建立,还为引进国外先进技术开辟了道路。据统计,1988年中国专利局收到了来自56个国家和地区的专利申请19 600多件。这些专利的批准与实施,为中国引进这些国家和地区的先进技术、推进国家提出和落实的"四个转移"战略,创造了极好的条件,对西方国家的先进技术也有很强的吸引力,同时为中国技术市场的迅速繁荣奠定了扎实的法律基础,说明中国已初步形成了活跃的技术市场。

由此可见,中国专利制度的建立,促进和保障了中国技术市场的发育、发展、成长与成熟。同时,中国技术市场的发展,也促进和推动了中国专利制度的日益完善与日趋成熟。两者互相作用、相得益彰,推进了中国技术市场的不断发育、发展和繁荣。由此,中国的专利制度和以后颁布实施的《中华人民共和国技术合同法》的合同制度,以及后来陆续颁布的其他相配套的科技法律、法规、规章,都成为培育与建设技术市场、繁荣技术市场的重要的法律基础和有力的法律保障。

第三章　中国技术市场的使命

技术市场的提出，正值我国百废待兴、"拨乱反正"的时期，发展技术市场的根本目的，是要求全国人民实践"科学技术是生产力"的光辉思想，推进技术转移，加速科技成果的转化，解决和改变当时我国经济落后的状况，实现科技与经济的结合，解决和改变科技领域中普遍存在的科技成果"三品"（即样品、展品、礼品）现象，满足国民经济建设的需要，挽救当时国家经济濒临崩溃的危险局面。据此，中央继作出我国经济体制改革的决定之后，接着又提出了对旧科技体制进行改革的决心。值得关注的，是中央在《关于科学技术体制改革的决定》中，专门提出了"把技术市场作为科学技术体制改革的突破口"。

中央提出开放技术市场的用意和目的，就是为了解决"科学技术成果向生产力的转化"问题，从而实现把科学技术变成现实生产力。这是中国改革开放的本质要求，也是中国技术市场的使命所在。技术成果的转化问题一天不解决，科技与经济结合的工作一天不落实，技术市场这个生产要素市场，就一天也不能退出历史舞台。由此引发出技术的商品化问题和技术的市场交易问题，提出了要开展技术向市场、向转化主体转移的任务。只有将技术向生产主体转移，通过企业进行对转移技术的开发和应用，使技术成果实现从技术方案到新产品开发，再到技术产品商品化，直到形成产业，才是实现技术的产业化、商品化和国际化。

然而，技术的这种交易、交换和转移、转化的行为，需要在商品经济条件下，通过市场去实现，需要在市场经济的环境中去完成。离开了商品经济和市场经济体制，技术的交易、交换就没有了载体，就失去了转移、转化的平台，技术转移也就不可能顺畅地实现。

因此,技术市场不能简单地定义为"技术交易的场所"。多年来,人们在这一问题上的错误认识,误导了社会对中国技术市场最基本的认知,影响了中国技术市场的培育和建设工作,影响了它的正常发育和发展。

第一节 开放技术市场的根本目的是促进经济发展

中央提出开放技术市场,是从挽救中国经济的角度出发,力图摆脱经济落后局面而"对症下药"的一项重大举措,对振兴中国经济发挥了重要作用。很显然,这个"症",就是中国经济濒临崩溃边缘的病症;这个"药",就是通过开拓和培育发展技术市场,用市场机制来调动广大干部群众和科技人员的劳动积极性、创造性,充分依靠科学技术,振兴和增强国民经济实力,提升国际核心竞争力。中央这项措施,从本质上讲,就是用市场经济这只"看不见的手",让技术市场在前面"冲锋陷阵",为其他社会主义生产要素市场在中国的"粉墨登场"提供经验。中国广大科技工作者、乡镇企业家和技术市场工作者,就是在这种背景下,勠力同心,劈波斩浪,勇往直前,喝了市场经济的"头口水"。尽管在当时人们对商品经济和市场经济还比较陌生,认识也不都完全统一,但大家的步调是一致的。

事实证明,凡是技术市场活跃和繁荣的地方,科技发展和经济效益的问题就解决得好,科技对振兴地方经济所做出的贡献也就大。众所周知,在新中国成立初期,我国的经济总量和人均水平十分低下,综合实力十分弱小。1952年时,国内生产总值只有679亿元,1978年才增加到3 645亿元。改革开放之后,我国进入经济发展的历史新时期,GDP总量迅猛扩张,2008年时超过了30万亿元,达到了300 670亿元,年平均增长率是8.1%,而在1961—2008年,世界的年平均增长率只有3.6%。其中,我国在1979—2008年的年均增长率是9.8%,远远快于同期世界经济增长率6.8%。1952年,我国经济总量占世界的比重很小,1978年才占1.8%,到2008年就跃为6.4%,位居美国和日本之后,居世界第3位。如今,我国无论是经济总量,还是人均水平都大幅度提高,已经成为全球第二大经济体,国际地位和影响力都有了显著提高。

可见,把技术市场的根本任务定位在实现科技成果的转化,解决科技与经济的结合问题,振兴国民经济,提升国民经济的发展质量和水平上,是非常正确的。这充分说明中国技术市场的使命,就是要贯彻中央关于"经济建设必须依靠科学技术,科学技术工作必须面向经济建设"的总方针,要在解决科技与经济的结合问题上,有所作为。

第二节　加速技术转移是技术市场活动的中心内容

新中国成立后到20世纪90年代,商品短缺一直困扰着我国的经济运行。凭票供应曾一度成为我国消费市场的主流现象,生产不能满足广大人民群众的基本生活需要,严重影响着我国社会的发展,也影响了中华民族在世界上的影响力与竞争力。

党的十一届三中全会后,我们清醒地意识到:"穷国和富国以及穷人和富人之间的差别不仅在于穷国和穷人获得的资本较少,而且也在于他们获得的知识较少。"[①]因此,党中央提出实施改革开放和开拓技术市场,加快技术成果商品化步伐,加速科技成果转化为生产力;同时,力图通过国际科学技术的发展利用国际技术转移给我国发展带来的机遇,大力引进先进技术和设备,提高消化吸收能力,增强国家的经济实力。

1998年10月,中共中央、国务院提出发挥科技人员的积极性,要向科技战线出题目,为科技工作者创造条件,为科技成果运用到生产实践中去开辟道路;同时及时作出开展"四个转移"的决定,即要组织好科学技术成果"由实验室向生产转移,军用向军民兼用转移,沿海向内地转移,国外向国内转移"。

---

① 世界银行.1998/99年世界发展报告:知识与发展[R].蔡秋生,等译.北京:中国财政经济出版社,1999:1.

随后,为了推进"四个转移"工作,国家科委、国家经委和国防科工委,联合在杭州召开全国第一次军转民技术转移工作座谈会,同时召开全国首届军工技术转民用的展览交易会,直接目的就是推进军用技术向民用转移。此后,"四个转移"就成为我国大力开拓技术市场的中心工作和重要内容。

为了确保开放技术市场后技术转移的规范化、法制化,充分保护发明人、科技人员与生产企业及相关技术市场活动主体的合法权益,鼓励人们积极参加技术市场活动,维护技术市场的良好秩序,国家制定了相关的法律、法规。1984年3月,第六届全国人大常委会第四次会议通过了《中华人民共和国专利法(草案)》;1985年1月,国务院颁布了《关于技术转让的暂行规定》;1987年6月,第六届全国人大常委会第二十一次会议又通过了《中华人民共和国技术合同法》;等等。这些科技法律、法规的陆续出台,就是试图通过技术市场中激励与规范两项措施的并举方式,为我国的技术转移工作保驾护航,从而有效推进我国的技术转移工作,促进我国经济的快速发展。

伴随我国技术转移工作在全国的全面展开,国家出台了一系列用来保证我国技术市场健康发育、发展的科技法律、法规与政策措施,使国民经济出现了快速发展的良好势头,有力推进了中国科学技术事业的蓬勃发展。据国家科委资料中对我国当时的科技工作态势的描述,"我国科学技术领域门类齐全、布局合理的产业体系逐步建立,商品和服务的供给能力大为增强","长期困扰我国的商品短缺问题逐渐成为历史"。如:以农业为例,1949年,全国粮食产量只有11 318万吨,人均209公斤;1978年粮食总产量缓慢增长到30 477万吨,人均产量增加到319公斤。改革开放以后,国家大力支持农业的发展,通过市场驱动和"星火计划"等一系列技术市场举措的实施,使大量的农业先进适用技术转移和推广到农村,解决了农业这个传统产业的技术升级问题,经济作物增收,粮食产量快速增长。

大量的技术成果通过开放技术市场转移到工业战线,我国工业获得快速发展,不仅解决了基本生活必需品短缺的问题,还使我国逐渐成为世界制造业大国。事实证明,国家作出开展技术转移活动的决策,把技术转移列为中国开拓技术市场工作的中心内容,为加速科学技术成果向现实生产力转化,改变技术成果长期存在的"三品"现象,实现技术市场的根本任务,创造和提供了极为有益的环境与条件。

第三节　技术市场的中心任务是落实"面向、依靠"的方针

1982年,国务院在北京召开全国科学技术奖励大会,会上提出"经济建设必须依靠科学技术,科学技术工作必须面向经济建设"的经济建设指导方针,简称"面向、依靠"方针。在相当长的时间里,这也成了全国开展科技工作与经济工作总的指导方针。围绕这一方针,国家还出台了一系列相关政策,全国科技人员群情激昂、心潮澎湃,全国人民受到极大的鼓舞,依靠科学技术振兴经济的热情空前高涨。

这些法律法规和政策措施,使中国技术市场在推进技术成果转化过程中展现出强大的动力,发挥了重大的作用。其大致可归纳为以下3类。

第一类,国家颁布了用于规范技术市场活动中技术交易和科技服务行为的法律法规。最为及时和重要的是1984年3月第六届全国人大常委会第四次会议通过的《中华人民共和国专利法(草案)》、1985年1月国务院批准公布的《中华人民共和国专利法实施细则》、1987年6月第六届全国人大常委会第二十一次会议通过的《中华人民共和国技术合同法》、1989年国务院批准颁布的《中华人民共和国技术合同法实施条例》。1993年,第八届全国人大常委会第二次会议还通过并颁布了《中华人民共和国科学技术进步法》和《中华人民共和国农业技术推广法》两部法律。到1996年,第八届全国人大常委会第十九次会议又通过了《中华人民共和国科技成果转化法》。1988年11月,国家成立中国科学技术法学会,著名法学家胡克实担任首任会长。作为民间专业社团,中国科学技术法学会负责组织和协调相关机构与组织,落实国家相关科学技术的法律、法规,普及科技法律知识。

第二类,中央出台激励、鼓励技术市场活动的纲领性政策措施。例如:1977年,中央决定成立国家科学技术委员会。1978年,邓小平在全国科学大会报告中提出"四个现代化,关键是科学技术的现代化"和"科学技术是生产

力"及"我国的知识分子是工人阶级的一部分"等论述,为中国技术市场的萌芽在理论上奠定基础,成了技术市场得以健康发展的"压舱石"。1981年,中央批转国家科委党组的《关于我国科学技术发展方针的汇报提纲》,提出"加速科学技术成果的应用推广,实行有偿转让"的建议。1983年,中共中央、国务院颁发《引进国外智力以利四化建设的决定》。1985年3月,中央颁发《关于科学技术体制改革的决定》。1987年10月,党的十三大报告中明确指出:"社会主义市场体系不仅包括消费品和生产资料等商品市场,而且应当包括资金、劳务、技术、信息和房地产等生产要素市场",第一次从定义上作出了技术市场"都是社会主义生产要素市场"的论断;报告还非常明确地指出"单一的商品市场不可能很好地发挥市场机制的作用"。1992年,党的十四大报告中又进一步明确了"技术市场是社会主义统一市场的重要组成部分"。1993年,十四届三中全会作出的《关于建立社会主义市场经济体制的决定》中,又特别强调了"当前培育技术市场的重点之一是发展技术市场"。1995年,中央召开全国科学技术大会,颁布了《中共中央、国务院关于加速科学技术进步的决定》,提出实施"科教兴国"的战略等。

第三类,国务院及相关部门在法律框架下相继出台"放开、搞活"的政策,发布了许多规章制度。例如:1982年中共中央一号文件,下达"办好国家集体农业技术服务机构"的通知,提倡建立技术服务公司、生产科技联合体,普及农业技术知识,推广科技成果,为农民提供科技服务。国家科委、国家体制改革委员会在1984年发布了《关于开发研究单位由事业费开支改为有偿合同制改革试点的意见》。接着国家科委和国家经委与国防科工委通过召开座谈会,讨论了科技体制改革调查组关于开放国内技术市场的建议方案。1985年,国务院颁布《关于技术转让的暂行规定》,批准国家科委、国家经委与国防科工委联合提出的《关于开放技术市场的几点意见的报告》。同时,国务院还牵头成立了由国家科委、国家经委、国防科工委和国家工商行政管理局、最高人民检察院等部门参加的全国技术市场协调指导小组领导机构。1986年10月,国务院还颁布了《关于开拓国外技术市场加强技术出口管理问题的批复》的文件。全国技术市场协调指导小组颁布了《技术市场管理暂行办法》和"放开、搞活、扶植、引导"的技术市场工作方针。1989年11月,国务院发布了

《依靠科技进步振兴农业加强农业科技成果推广工作的决定》。中国技术市场研究会成立后,从社团层面,组织全国科技界、经济界和司法界、工商界及社会各界,开展技术转移和技术交易与科技成果转化的活动。后来,中国技术市场研究会改名为中国技术市场协会,成为协助政府开展工作,促进全国技术市场进一步发育和发展的一个重要的民间社团组织。

中国的技术市场,认识上从无到有,规模上从小到大,出现了轰轰烈烈的壮观场面。各地举办技术交易会的热潮,一浪高过一浪;从事技术信息传递的"中介"人、经纪人,满市场奔跑;科技人员走出实验室,进入农村、进入工厂成为潮流;各级领导逢会必讲"科学技术是生产力",逢人必谈加速科技成果的推广应用,逢会必讨论引进技术、引进人才;许多乡镇负责人到科技机构来的第一件事,就是索要技术成果,索要科技人才。应该说,中国技术市场面向国家经济建设的这种"莺歌燕舞"的可喜景象,在中央还没有作出建立社会主义市场经济体制的决定之前,就已经在全国出现了。特别是国家科委推出了以"短、平、快"技术为内容的"星火计划"后,众多兴办科技企业的人更加振奋。江浙一带和南方、中部地区各省市的技术市场,出现的那种欣欣向荣的繁荣景象令人倍感兴奋。这些都为中国确立市场经济地位奠定了扎实的社会基础和舆论环境,也为今天认识什么是技术市场和怎样建设技术市场的问题,跳出认识误区和行为怪圈,提供了极其有益的实践经验。

中国技术市场的出现,比我国作出建立社会主义市场经济体制的决定提前了整整10多年,它在改革开放的大潮里一马当先,置身其中是需要胆略和勇气的。当时,人才市场、信息市场都还未露出端倪,资本市场等这些与科技成果转化密切相关的生产要素市场亦然,有的还在观望、徘徊。在中央提出遵循价值规律,大力发展商品经济的号召之后,技术市场紧跟中央步伐破土而出,广大科技工作者"摸着石头",勇敢尝试,"大胆过河"。由于人们缺乏对技术成果转化规律的认知,并对技术市场的运行规律存在不少认识误区,许多地方出了一些"湿鞋""呛水"的事件,有的早期入市开展技术转移的先行者被单位除名,有的甚至被入狱关押。当时社会上认识和理解技术市场和技术转移工作的人甚少,非常缺乏对其的支持条件;而有条件支持的人和部门,却又不能理解技术市场人的苦衷。这也是导致我国至今在技术成果转移和产业化进程中,不能杜绝"湿鞋""呛水"事件发生的重要原因。今天人们还在抱怨科技成果转化难,其根本原因是至今还没有找到一条正确有效的好路子。由此可见,像以华为为代表的许多高新技术企业的发展和创业奋斗征途,是非常艰辛坎坷的,那是科技人员、企业家和市场的一种残酷博弈,只能选择殊死搏斗,没有捷径可走。这值得人们敬佩和歌颂。

当然,在技术转移的实践中,人们出于主观意愿和良好愿望,也想方设法出了许多像"产学研"结合、"官产学研金"结合等主意。可是,在技术市场活动中,技术以商品的形态进入市场转移是一种特殊现象,上述这种转移活动,要是不能遵从市场规律、技术规律和当时当地的实际情况,没有能与技术转移转化相关的生产要素介入、融入和参与运动,即使是"三结合""五结合",也难以起到什么作用。

这种生产要素的介入和共同运动,对技术的成功转化发生作用,需要社会提供相应的服务作保障。这些年,人们已经意识到技术在转移过程中的重要性。但至今却没有从机制到方法上,找出一套能与技术成果转化规律和产业化规律相适应、与技术转化主体相契合的链式服务体系。前面提到的"三结合""五结合"措施,其实就是各种要素在转化中的运动。要是没有与之相适应的链式服务与服务体系跟进服务,"运动"却没有"互动","互动"了又无法"融合",结果是移动了的技术依然没法转化,即使转化了,也还得要产业化、商业化和国际化,那就更加难以办到了。由此可见,技术转移路途之遥、距离之远和途中风险之多,是必须引起每个从事技术转移和转化的科技人员、企业家及政府管理人员高度警觉的。

研究认为,在服务市场中,科技服务属于现代服务业范畴,"科技服务链"是技术市场体系的重要组成部分,是确保技术市场繁荣昌盛的核心手段与重要工具。它关乎技术转化的成败,决定技术市场的兴衰。建设和培育具有服务能力、专业化水平和知名服务品牌、功能强大的服务体系,建设和培育一支能提供优质服务、有品牌的链式服务团队,已经成为当今中国技术市场工作的重中之重。否则,落实中央关于"经济建设必须依靠科学技术,科学技术工作必须面向经济建设"的科技工作总方针,将成为中国技术市场工作的空中楼阁。

第四节　技术市场是科学技术
　　　　体制改革的突破口

　　科学技术体制的改革,是中央继关于经济体制改革决定之后作出的又一项重要的改革决定。旧的科技体制严重束缚了中国的科技、经济与社会发展,成为生产力发展的桎梏,为打破这种局面,解决的办法就是改革,首先要对体制进行改革。

　　《关于科学技术体制改革的决定》明确指出,技术市场是科技体制改革的突破口,就是说这项科学技术体制的改革工程,需要通过培育和发展好技术市场,利用市场机制的作用,推进这场改革。"突破口"本是军事术语,指的是选口子、配梯队,目的是发起攻击,现用"突破口"来比喻对我国旧科技体制进行改革,可见中央的决心之坚、力度之大。理解其表述,有两层语意。

　　一是要通过市场机制的作用,借市场经济这只"看不见的手",对旧体制开膛破肚,做伤筋动骨的手术。这种改革,如果用计划经济的思维与手段,非但做不好,而且也不会见效。运用市场机制,就是要按市场的规律,运用公平、公正的机制,推进对旧体制的改革,使其在新的历史条件下获得新生。在旧体制中,管理体制首当其冲。市场经济下的科技工作,首先必须要有符合市场经济规律的新的管理体制,使整个科学研究体制实现脱胎换骨的变革。因此对政府科技管理体制的改革是第一位的,"打铁先得自身硬",若改革离开政府自身及其管理体制的改革,其结果必然影响整体改革。

　　二是中央有非常明确的决心,必须"刺刀见红"。经验证明,改革须用非常手段,否则难以撬动沉疴旧习,难以冲破封闭思维。选对、选准突破口,才有可能发挥这只"看不见的手"的作用,实现中央决心。然而,找准突破口,还得打赢"三场战役":首先是必须打赢"科技工作必须面向经济建设主战场"的战役,将中央关于"面向、依靠"总方针落到实处,彻底解决科技与经济脱节的"两张皮"问题。其次是必须打赢"解决好科研工作要面向市场、面向社会需求、面向企业转化的主体"的战役,把加快科技成果从实验室向生产、向企业转移和转化,作为科研工作的首要任务,彻底改变科技界的"三品"现象。最后是必须打赢"政府自身科技行政管理体制改革"的战役,政府要从意识、理念、习惯、方法等方面从计划经济的窠臼中"脱胎换骨",远离枷锁,形成按市场经济的规则管理新时期的科技工作的新体制、新局面和新气象。适应经济体制的转变,使政府的科技管理工作,在遵循市场经济规律、遵循科学技术和技术转化规律上形成自觉,同时实现政府科技管理工作的市场化。这"三场战役"都非常艰难、艰巨。但"第三场战役"是难中之难,因为它涉及政府管理部门自身体制的改革,涉及制定改革方案、改革政策的人的自身思维、理念,甚至利益。

所以说,从深层次看,我们对旧科技体制的改革初衷并未实现,其道理也在于此。当然原因是多方面的。回顾这场改革工作,有几点是值得反思和完善的:一是有人把这场科技体制改革误认为只是对科研院所的改革;二是有人把科技管理体制的改革误解成只是对科技计划制度的改革;三是有人把科技计划管理制度的改革只局限于拨款制度的改革;四是有人把对研究院所的改革理解成只是消减事业费。这些问题的关键,在于对改革切入口的选择,缺乏旗帜鲜明的宣传,缺乏深入细致的研究。自改革开始,从管理体制的角度看,改革的功夫下在了对科技计划拨款方法的改变,目的是配合研究院所的改革。但是,当时,整个科技体制的改革工作,对科技管理机关的旧思路、旧方法和旧的管理习惯,并没有作深入研究和太大的触动。人们有一种误解,以为对研究机构的改革,就是在进行科技体制的改革,做改革工作的和被改革的,几乎都是把注意力集中在对研究院所的改革上。于是,很多改革工作都围绕在一个"钱"字上:"消减事业费",减的是钱;"有偿使用科研经费",表现的是钱;提出"稳住一头,放开一片"的口号,指的是钱;交流会上介绍改革成功经验,谈的也都是如何削减钱,有的还提出了"几年削减到位"的目标。有人喊出了"养人的钱改为办事"的口号。似乎研究院所这样一改,科技人员就被逼进市场,"自食其力"了,养人的钱就省了。但从后来一些地方和单位的总结中看,结论是否定的。我们可以看到,那些在改革前曾经饱受批评的"科研人员重论文、重职称,不注重转化和应用"和"三品"等问题,至今依然存在;在一片重视科技、增加投入的喊声中,有的单位上级财政给的科技经费,不是少了，而是更多了，有的地方甚至成倍翻番，某些省一个基层科技局长的手里，能掌握分配的经费竟然多得令人咋舌。

中央《关于科学技术体制改革的决定》出台之时，正是我国技术市场的形成时期，它的出台为研究机构和科技人员进入市场创造了条件。但是，由于我国在科技管理体制改革方面的滞后，改革在市场引导和市场机制上的作用并没有完全得到释放。特别是对科研机构改革实行"一刀切"的做法，使一些擅长基础研究的机构及其工作人员，只能放下手头在研课题，带上能赚钱的"短、平、快"项目"下海"。有人讽刺这种现象，称其为"跳海"。事实也是如此，有的人原本就不会游泳，跳下去就呛水；也有的能在游泳中学会了游泳，但毕竟不在多数。因为改革缺少经验，不熟悉技术转化规律，没有掌握技术市场的活动规律，大胆地一味让各地先行先试，所以效果不尽如人意。1995年，在《关于科学技术体制改革的决定》实施10年以后，中共中央、国务院颁布的《关于加速科学技术进步的决定》明确指出："科技成果转化率和科技进步贡献率较低；旧体制下形成的科技系统结构不合理、机构重复设置、力量分散的状况依然存在"。今天，人们回过头来看，这些问题依旧、原因依旧，其症结还是当初的改革没有到位、不彻底所致。

当然，从大局上讲，这些年科研机构改革的成绩是应当肯定的。多数科研机构活力在增强，科技人员为经济建设主战场服务的意识有了很大提高，依托市场开展研究和转化技术成果的自觉性、积极性也在增强，许多研究机构经过这场改革和市场锻炼，有的已经成长为拥有自主知识产权的、具备核心竞争力的大型高新技术企业。这很大程度上得益于我国建立市场经济体制，是受到市场经济环境的推进所出现的社会进步现象之一。"据统计，仅在1985年内，全国民口科研机构通过技术转让取得的收入达4.7亿元。"[①]技术市场活动促进了人才和智力的流动，有的科研人员利用技术市场，将成果通过开发输送到企业。"据不完全统计，《关于科学技术体制改革的决定》公布

---

① 国家科学技术委员会.中国科学技术政策指南——科学技术白皮书第1号[M].北京：科学技术文献出版社,1986：174.

不到半年,全国各地就举办了交易会18个,洽谈项目3万多项,成交额96亿元。"①1985年"在首届技术交易会上,湖南、河北、湖北、福建、吉林、陕西和山西等省地级的银行都带来了数百万元或上千万元的贷款,用于支持本地区的成交项目,使金融市场与技术市场出现了新的结合"②。用现在的眼光看,上述数字似乎微不足道,但在30多年前,长期实行计划经济体制的中国能有这样的交易景象,是非常可喜的。今天,我们开始认识和强调金融与科技的结合,其实早在30多年前就已经有这种迹象,只是当时资本市场和人才市场都还没有形成,技术市场还处在幼嫩的形成时期。在改革开放和技术市场开放之后,通过改革,才把研究机构和科技人员的积极性充分释放了出来。

从总结经验教训的角度看,这场轰轰烈烈的改革运动,要是能在改革管理体制上的工作做得再扎实一些,离中央当时的改革初衷再近一些,改革的业绩就会大大好于期望。当时曾有人批评科技体制改革进入了"小胡同",这种评价似乎有点悲观,但警惕和尽量减少因科技管理体制改革工作不到位而对社会造成负面影响,认真吸取教训还是很有必要的。

中央《关于加速科学技术进步的决定》指出,"要加快改革,促进科学技术工作梯形运行机制的建立,为经济建设直接相关的科技活动按市场机制运行,进一步加快技术和信息市场的建设",要"通过开拓技术市场,改变科技系统的运行机制,密切科研机构与生产单位的联系,加速科技成果应用于生产"。该《决定》开宗明义地指明了技术市场下一步的工作方向,也是深化科技体制改革的根本任务。落实该《决定》的精神,还需要做许多工作。首先,必须按照市场经济的规律,对科技行政管理体制自身要敢于改革、善于改革,尤其要敢于向自己旧的管理思维和计划经济残余思想、方式方法"动真格",特别要敢于向旧的权力行政思维和习惯势力"动刀",按市场经济体制与运行机制的要求,做到有效管理、科学管理。其次,政府要学会运用社会主义生产要素市场的理论原则与方法,做好资源配置的

---

① 国家科学技术委员会.中国科学技术政策指南——科学技术白皮书第1号[M].北京:科学技术文献出版社,1986:174.

② 国家科学技术委员会.中国科学技术政策指南——科学技术白皮书第1号[M].北京:科学技术文献出版社,1986:174.

这篇大文章,组织好技术市场与其他生产要素市场,特别是在组织、协调整合人才市场和资本市场的互动与融合中,真正做到"更好地发挥作用",实现资源共享,优势互补。最后,要进一步深化对科研机构的改革,对自身行政科技管理体制的改革加大力度,这门课一定得补,它将直接影响科研体制的改革深化工作,且两者相互影响、互为作用。做好这块工作,整个科技体制改革的工作才能够持久,工作成果才能得以发扬光大。

第四章　开放技术市场的基础条件

回顾我国提出开放技术市场的时代背景,可以发现我国在培育与建设技术市场的过程中,十分注重从实际出发,兼顾多方利益,整合多种资源,努力将国家意志与客观实际,党的主张与国情、民情进行有机结合,实现了和谐的同轨、同步;同时,力求遵循市场经济的规律要求,自觉地按照技术转移、转化的客观规律,实现了将中央作出的工作重心转移的决定,与国家提出的要以经济建设为中心的主张和千军万马进入主战场的号召同步推进;实现了将中央提出的"技术要商品化"的决心与国家提出的"发展商品经济"的号召并轨运动;实现了将中央作出的"进行科技体制改革"的决定与国务院提出的中国技术市场要实行"放开、搞活、扶植、引导"的工作方针同步推进;实现了将国家技术市场的相关法律、法规和党的知识分子政策、技术市场鼓励激励政策同轨运行。这一切都为破土发芽的中国技术市场,在商品经济和市场经济的陌生环境中活动、在新的土壤中成长,奠定了重要基础。

第一节　提出大力开拓技术市场的经济社会背景

邓小平在 1978 年 3 月 18 日的全国科学大会开幕式上指出:"新中国成立以来,我国的科学技术事业有了很大的发展,在经济建设和国防建设中发挥了重大作用。这在旧中国简直是无法想象的。这个伟大成就是谁也不能否定,谁也无法否定的。但是,必须清醒地看到,我们的科学技术水平同世界先进水平的差距还很大,科学技术力量还很薄弱,远不能适应现代化建设的需要。""在科学技术方面,我国古代曾经创造过辉煌的成就,四大发明对世界文明的进步起了伟大作用。但是我们祖先的成就,只能用来坚定我们赶超世界先进水平的信心,而不能用来安慰我们现实的落后。我们现在在科学技术方面的创造,同我们这样一个社会主义国家的地位是很不相称的。""如实地指明这种落后状况,会不会使人们失去信心呢?这种人也可能有。这种人是连半点马克思主义气味也没有的。对于我们无产阶级革命者来说,实事求是地说明情况,认真地去分析造成这种情况的历史的和现实的原因,才能够正确制订我们的战略规划,部署我们的力量;才能够更加激励我们奋发图强,尽快改变这种情况;也才能动员人们虚心学习,迅速掌握世界最新的科学技术。"他还说:"认识落后,才能去改变落后。学习先进,才有可能赶超先进。提高我国的科学技术水平,当然必须依靠我们自己努力,必须发展我们自己的创造,必须坚持独立自主、自力更生的方针。但是,独立自主不是闭关自守,自力更生不是盲目排外。科学技术是人类共同创造的财富。任何一个民族、一个国家,都需要学习别的民族、别的国家的长处,学习人家的先进科学技术。我们不仅因为今天科学技术落后,需要努力向外国学习,即使我们的科学技术赶上了世界先进水平,也还要学习人家的长处。"①这些讲话,正是对我国当时科学技术处在相对落后情况下的一种客观表达和对发展科学技术、加速科技成果转化和开放技术市场问题的真情描述。

  正是国家领导人这种高瞻远瞩的伟大气魄,把国家的工作重心转移到了以经济建设为中心的轨道上来。实际上,经历过"文化大革命"的危机和重创之后,人们对传统思想观念的批判和要求变革的强烈社会共识,早已经在逐步形成,正好遇上中央作出正确的重大决策,解放了广大民众的思想,顺理成章地推进了科技与经济发展的伟大实践。在"科学技术是第一生产力"、"科学技术人员是工人阶级的一部分"、"要尊重知识、尊重人才",以及"科学技术要面向经济建设,经济建设工作要依靠科学技术"的战略方针指引下,各

---

① 邓小平.邓小平文选:第二卷[M].北京:人民出版社,1983:90—91.

类激励因素不断积累,相互激发,集结成不可逆转的发展趋势,持续和超常规的增长现象,成为中国这40年改革开放和科技与经济工作密切结合的标志性特征,也成了中国技术市场得以萌发、形成和发展的最根本的基础条件与社会背景。

在推动科技与经济社会发展的诸多要素中,人是第一要素。因此,解决我国科学技术落后的根本措施,还是在于人才的培养。邓小平在1978年3月18日的全国科学大会开幕式上指出:"我们向科学技术现代化进军,要有一支浩浩荡荡的工人阶级的又红又专的科学技术大军,要有一大批世界第一流的科学家、工程技术专家。造就这样的队伍,是摆在我们面前的一个严重任务",因此,"我们还要在努力提高现有科学技术队伍的水平,充分发挥他们的作用的同时,大力培养新的科学技术人才","必须打破常规去发现、选拔和培养杰出的人才"①。胡耀邦在1980年3月23日的中国科协第二次全国代表大会上这样讲:"我们国家已经有了一支水平相当高的科技队伍。这支队伍包括理论家、发明家、革新家、工程技术专家、农学家和医学专家。在这支队伍里出过像李四光、竺可桢等同志这样的世界上第一流的科学家。这是中华民族的光荣。""但是,我们的这个队伍,毕竟美中不足,人数太少,水平也不够高。正因为如此,我们党对这支队伍寄以特别殷切的希望。一是希望他们带头攀登科学高峰;二是希望他们精心培育后继人才。"

人才问题成为推进技术向生产力转化的重要工作。1978年11月3日中组部提出了《关于落实党的知识分子政策的几点意见》,主要包括以下6点内容。第一,对知识分子队伍应当有一个正确的估计。第二,继续做好复查和平反昭雪冤、假、错案的工作。第三,对知识分子充分信任,放手使用,做到有职有权有责。第四,调整用非所学,做到人尽其才,才尽其用。第五,努力改善知识分子的工作条件和生活条件。第六,加强领导,改进作风。邓小平在党的十一届三中全会前夕召开的中央工作会议的闭幕会上指出:"要发现专家,培养专家,重用专家,提高各种专家的政治地位和物质待遇","当前大多数干部还要着重抓紧三个方面的学习,一个是学经济学,一个是学科学技

---

① 邓小平.邓小平文选:第二卷[M].北京:人民出版社,1983:91.

术,一个是学管理"。① 他还在《新时期的统一战线和人民政协的任务》一文中指出:"我国广大的知识分子,包括旧社会过来的老知识分子的绝大多数,已经成为工人阶级的一部分,正在努力自觉地为社会主义事业服务。"②

为了充分展示我国当时的科学技术能力,国家科学技术委员会科技成果管理办公室和中国科学技术情报研究所,在四川、重庆共同召开了1978年全国重要科学技术成果交流会。值得注意的是,这次会议只称为科技成果的"交流会",而不是"交易会"。这次会议为以后陆续兴起的技术展览、交流开了先河,会上由中国科学院、各产业部门和省市自治区科技系统与高等院校,将取得的科技成果进行展示与交流,据1978年的不完全统计,当年全国共取得各类科学技术成果12 000多项,其中比较重要的有1 600多项,有的是国内首创,有的已达到了国际先进水平。会议认为,当前急需加强技术成果的推广应用。《人民日报》在1979年1月21日发表以"把注意力移到技术革命上来"为题的社论,指出"把全党工作的着重点转移到社会主义现代化建设上来,从经济战线来说,就必须以极大的力量来推进技术革命","把注意力移到技术革命上来,首先需要对技术的作用有正确的认识","必须安排好进行技术革新和技术革命的基本物质条件","需要正确处理好科研成果与应用推广的关系","尤为重要的是充分发挥工程技术人员、专家和广大工人的积极性,发挥他们的聪明才智,发扬技术民主"。接着,国家于1979年10月在北京召开了全国科技工作会议,主要研究部署全国科技战线贯彻中央提出的"调整、改革、整顿、提高"的"八字方针"工作。会议还讨论了国家科委起草的《关于科学技术计划管理体制的改革意见》及《关于地方科委工作职责的若干意见》等5个文件,从科技体制改革的角度,以技术市场作为突破口,在政府层面做了准备,从而使技术市场能够有条件在中国这片土地上萌芽和形成。1981年国家新闻出版局批准天津创办以"技术市场"命名的小报,后来改名为"中国技术市场报",由四开小报变成了对开大报。1984年,国务院领导在国务院第五十一次常务会议上,提出"要大力开拓技术市场","加速技术成果商品

---

① 邓小平.邓小平文选:第二卷[M].北京:人民出版社,1983:143.
② 邓小平.邓小平文选:第二卷[M].北京:人民出版社,1983:171.

化",这对于中国来说是具有划时代意义的重大决策。

第二节 技术成果商品化和大力发展商品经济并轨运行

技术市场的开放,首要的是解决技术市场的活动主体的问题,不突破和解决技术的商品性问题,科研机构和科技人员研究出来的技术,就无法进入市场流通和交易。要是没有可供交易的技术进入市场,技术从实验室向市场、向生产第一线的转移就没有可能,技术成果的转化也就成了空话,市场经济在中国也就难以立足,技术市场也就成不了气候,它也就不成其是市场经济的重要组成部分。也就是说,没有市场经济的酝酿和出现,技术市场就没有活动运行的舞台;反之,没有技术和其他生产要素市场的运动,市场经济体制也就成了空中楼阁。

"技术也是商品"观点的提出,是技术市场在中国得以出现和发展的重要条件。它的提出,使技术进入市场交流与交易并实现转移,成为可能。改革开放前,我国实行的是计划经济体制,商品经济不发达。随着党的工作重心转移,"科学技术是第一生产力"理论和"技术也是商品"观点的问世,使我国从计划经济体制向"有计划的商品经济"转移,直到建立"社会主义市场经济体制"的重大理论创新和实现国家经济体制转型,技术市场在中国的萌芽、形成和发展,才从理论到实践上奠定了坚实的基础。

从商品经济理论角度,把技术定位于商品,取决于技术作为劳动产品,具有价值和使用价值这种商品属性。1984年,党的十二届三中全会作出的《关于经济体制改革的决定》,从理论上突破了把计划经济同商品经济对立的传统观念,第一次提出了我国社会主义经济是公有制基础上的有计划的商品经济。此后,商品经济深入人心,为社会主义市场经济体制在中国确立奠定了基础。在"知识分子也是工人阶级的一部分","技术也有价值和使用价值","技术也是商品"这些理论和观点的指导下,技术被科技工作者带入流通领域,从不自觉走向自觉。中国技术市场中轰轰烈烈的市场交易和交换活动,就是在这样的情况下掀起的。许多研究机构的科研活动和科技成果转化,随着科学技术体制改革的不断深入,逐渐开始从行政干预和计划决定一切的局面中摆脱出来。

"技术也是商品"的观点,揭示的是技术成果的使用价值和科技人员的劳动价值。理解技术也是商品的这一光辉思想,必须把握以下几点:一是它展示的是技术商品具有物的属性,反映的是人与物的关系;二是揭示的是技术作为商品,既具有"使用价值之一般"属性,又反映出其"使用价值之特殊"属性;三是反映了技术作为商品的科技价值这一核心因素,其实质是要解决好人与人的关系(即技术商品的创造者与技术商品转化成产品的生产者),"造原子弹"和"卖茶叶蛋"之间除了人的分工不同,重要的是耗费在"研究开发原子弹"和"烧制茶叶蛋"这两个性质完全不同的产品中的能量不同、用功不同。这种关系要通过市场调节、生产要素的组合配置来解决,绝非是通过简单的物质产品商场交易,就能够完成的。这一点正是技术市场人避免对技术市场的认识进入误区的关键,从事技术转移和转化工作的同志,切勿掉以轻心。

根据商品理论原理,技术商品中的使用价值与价值之间既相互区别、各不相同,又相互依存、有机结合;既各自运动、各具规律,又相互促进、互相渗透。这种"相互区别、各不相同"和"各自运动、各具规律",是技术成果以商品的形式进入市场、完成转化运动过程中,特有的客观规律所规定,也是技术商品向生产力转化的特殊规律决定的。"相互依存、有机结合"和"相互促进、互相渗透",是技术向生产力转化的全过程,需要众多因素的综合运动,才能完成。其中的核心要素,是拥有该技术的创新者和将该技术成果向生产力转化的生产者,及其相关生产要素中提供服务的劳动者,只有他们共同努力,转移才能实施,转化方能实现。所以说,技术成果的市场转化,具有很强的人为性,存在很大的差异性,必然会有较大的风险性,不可掉以轻心。

"技术也是商品"观点的提出,不仅解决了技术与商品的市场对接的问题,更重要的是解决了市场经济体制下,技术与经济、与生产力的对接问题。长期束缚科研机构的旧体制,以及捆绑在科技人员身上的"枷锁"被砸碎,科研工作活力充分释放。"尊重知识,尊重人才""放活科研机构,放活科技人员"等政策措施的陆续出台,科技体制改革决定和"依靠、面向"科技工作方针的实施,实验室里尘封多年的技术成果,成了具有价值和使用价值的宝藏。科技人员带着科技成果走出实验室,下乡、进厂、领办、自办企业,到经济建设主战场上一展身手。自1979年杭州科委一位科技人员创办的全国第一家民办科研机构——"杭州交叉技术应用研究所"之后,民营性质的成果推广机构,如雨后春笋在全国出现。中科院物理所一名科技人员在中关村创办"先进技术服务部",为我国的电子一条街的形成,开创先河。天津创办的全国第一张以"技术市场"命名的报纸,成为我国专门宣传技术市场和技术转移与科技成果转化的舆论阵地。沈阳、武汉率先建立首个科技开发中心,杭州率先办起了首届农副产品储藏保鲜展览会、全国首届"星火计划与适用技术成果展览交易会",以及为落实中央"四个转移",杭州举办了全国首届军工技术转民用交易会,国务院于1985年5月在北京召开全国首届科技成果交易会等。这些活动的开展为全国各地开展技术转移和科技成果的交易作出了示范。

"技术也是商品"的观点,为技术实现转移,进入市场铺平道路,成为落实"科学技术是第一生产力"理论的重要实践基础。科技成果推广和转化运动,促进了我国的经济建设和社会的发展。

第三节 技术市场"八字方针"与科技体制改革携手共进

技术作为知识形态的产物,进入市场实现交易与交换,需要两个基本条件:一是要能让科技人员走出实验室,进入市场,把手里的技术成果参与交易、交换,实现转化;二是要让现行旧的科技管理体制和旧的科研机构体制进行彻底变革。为了实现这两个基本条件,中央采取了两大举措:第一,从鼓励科技人员走出实验室和进入经济建设主战场的角度出发,提出"放开、搞活、扶植、引导"的技术市场工作方针;第二,作出《关于科学技术体制改革的决定》。这两大举措为中国技术市场的萌芽与发展,打开缺口,铺平道路。

"放开、搞活、扶植、引导",是1986年由全国技术市场协调指导小组在颁布的《技术市场管理暂行办法》中明确提出的工作方针,是贯彻中央关于"经济建设必须依靠科学技术,科学技术工作必须面向经济建设"总方针的重大措施,是保障我国对旧科技体制改革的决定能够顺利实施的一项重要手段。

所谓"放开",是指与中央当时提出的"放活科研机构,放活科技人员"("两放")和"尊重知识、尊重人才"("两尊")政策一脉相承的方针政策。邓小平说过:"我们的科学家、教授、工程师,走到工厂,走到地方,到处都受欢迎,到处请你们谈战略,谈远景,谈规划。科学技术专家这样广泛地参加经济、社会决策活动,是我国几千年历史上从来没有过的。科技专家在我们国家里的政治地位和社会地位已经同过去大大不同了。"[①]所以,"两放""两尊",目的就是要把科研机构中被旧体制束缚的科技人员解放出来,这是深化科技体制改革十分重要的任务。

所谓"搞活",是指按照市场经济体制要求,根据商品经济的规律,管理科研机构、科技人员,把科技人员的劳动积极性和科学研究的创造精神,充分调动起来,形成千军万马进入经济建设主战场的壮观场面,把长期尘封在"深宅大院"中的科技成果引向市场,推向生产建设第一线,成为研究机构和科技人员落实面向经济建设主战场的"见面礼"。国务院着力提倡科技人员要加快流动,满足经济建设主战场对人才的需要。1984年5月4日,国务院颁发《关于科技人员合理流动的若干规定》,极大鼓舞了全国科研机构和科技人员,对推进研究机构走向市场发挥了重要作用。根据国家科委在1986年公布的科技普查资料情况,截至"六五"计划末,全国有地、市及地市以上单位所属的独立科学研究和技术开发机构4 935个,其中国务院各部门所属的989个。在4 690个民口独立研究与开发机构中,职工达77万人,其中科学家和工程师23万多人,其他技术人员12万多人。在这些民口独立研究机构与开发机构中,有1 499个实行了技术合同制。其中已减少事业费的机构640个,能够经济自立的317个。可见,鼓励和倡导科技人员的流动,对推进科研旧体制的解体,具有十分重要的现实意义和历史意义。

---

① 邓小平.邓小平文选:第三卷[M].北京:人民出版社,1993:108.

所谓"扶植",是指要求政府在科研机构、科技人员面向经济建设、走向市场中,消除顾虑,减轻思想负担和物质压力,动用政府必要的政策手段,为开展科技成果向现实生产力转化,提供支持和帮助。这些手段具体包括营造鼓励科技人员进入市场、转化技术成果的政策环境,营造企业家接受科技成果开展转化的环境,营造科研开发失败的风险担保机制环境等。

所谓"引导",是指政府要用正确的政策引导参与技术市场活动的科研机构、科技人员及技术受让方和企业,依法、依规、依照技术的规律与商品经济规律,依照技术转移与转化和市场经济的规律,开展技术成果的转移与转化,让科技成果符合国家的产业政策,符合当地经济社会发展的需要,符合国家和地方可持续发展的要求。在科技成果入市物化过程中,要遵纪守法,遵守职业道德;按科学规律办事,按技术自身规律办事,防止蛮干,防止急功近利。政府管理机关切忌瞎指挥,不顾生态承受力,不顾生态可持续性,杀鸡取卵式地任意利用和开发资源。

科学技术面向经济建设的最终目的是提高经济质量,促进经济社会发展的可持续发展,实现人类经济社会的全面协调发展。"依靠"与"面向"的方针,是尊重科学技术发展规律的方针,也是实现可持续发展的重要保障。否则,"科学技术工作必须面向经济建设"的口号就毫无意义。1984年7月24日《人民日报》发表评论员文章,题目是《坚持科技体制改革的正确方向》,文章指出:"科技体制改革的目的只有两条:一是促进科技发展并与经济建设更加紧密地结合;二是充分发挥科技人员的聪明才智。而说到底,都是为了发展生产力。"同年7月9日,时任国家科委主任宋健在《人民日报》上发表题为"论科学技术的载体"的文章,指出:"我们应该懂得,轻视科学技术,歧视它的载体——知识分子就是贬低自己的才能,自辱人类的智慧,亵渎人类文明的尊严,损害工人阶级和中华民族当前的和长远的利益,是与马克思主义的基本理论完全背道而驰的。"

技术劳动价值和商品性,是20世纪70年代末、80年代初中共中央适时提出的两个重要命题,工作重心转移和实行科技体制改革,要求科研院所和科技人员进入经济建设主战场。这也为解决"技术也是商品"的问题,让技术进入市场交易、实现交换,扫清了障碍、铺平了道路。《人民日报》在1984年

10月6日作了报道,据国家科委初步统计,全国当时已有506个研究院所实行有偿合同制的试点,占地市以上独立研究所的11%;另外已有188个研究所实现了经济自立。这是继第六届全国人大第二次会议上又一次肯定有偿合同制改革方向之后,全国科技体制再次出现的良好势头。

第四节 技术市场的激励政策与法律规范双轨并行

科技法律制度和科技政策制度,为科技工作健康繁荣提供了重要保障。邓小平说:"搞四个现代化一定要有两手。只有一手是不行的。所谓两手,即一手抓建设,一手抓法制。"[①]做科技工作和技术市场工作也一样要有两手:政策激励和法律规范,这是保证国家科学技术进步重要的两手,也是培育和发展技术市场、维护技术市场秩序的两条重要措施。政策激励最大限度地调动广大科学技术人员、企业家及参与技术转移和转化、促进科技成果转化为生产力的劳动者的积极性和创造性;法律规范是市场经济的重要手段,保证了技术成果在市场的转移转化中,有章可循,有法可依,运行有规矩。离开政策制度的激励,技术市场就发育、发展不起来;离开了法制建设的保障,技术市场就会无序发展、胡乱运行,甚至会导致市场夭折。所以,技术市场中的政策引导和法制保障两条措施,犹如高速公路上的两道"护栏",保障了技术市场中技术交易活动快速有效健康的运行和技术市场的繁荣。

在我国技术市场初期,国家层面上保障技术市场健康发育、发展的政策激励与法制建设工作,做得卓有成效。当时这些措施和政策造就了一代技术市场管理工作者,至今依然在发挥着作用。那个时候出台的科技法律、法规,至今依然在延续它的生命力。从20世纪70年代末至90年代中期,可以说是我国科技法工作做得最好的时期,国家科委及相关部门全身心地投入政策和法规、法律的规划与制订工作中。他们组织全国一线的科技工作者和法律

---

① 邓小平.邓小平文选:第三卷[M].北京:人民出版社,1986:154.

工作者,通过大量调查研究,出台了许多符合当时国情和技术市场规律的鼓励政策,制订了以《专利法》和《技术合同法》为代表的许多科技法律制度,数量多,且质量好。尽管这时我国技术市场工作遇到了许多困难,但他们尽心尽职,做了政府该做的许多工作,为后来技术市场的形成和发展奠定了一定的基础,受到全国科技界、企业界,尤其是广大活跃在技术市场中的科技人员和企业家的普遍好评和一致认同。

生产力是劳动者与劳动资料、劳动对象的统一,是人的因素与物的因素的统一,而且人的因素是最重要的、最活跃的因素。解放生产力,最根本的就是要解放人的因素。解放思想,解放生产力,就是要把人的因素解放出来,把人的积极性、主动性和创造性解放出来。解放生产力中的人,包括要把人从束缚其发展的生产关系和整个社会关系中解放出来,成为整个社会关系的主体。"改革也是解放生产力",因此,改革的一个重要任务,就是把人的积极性、主动性和创造性解放出来,使现实的人成为生产力发展和社会发展的主体,成为科技体制改革的主人,成为科技成果转化的主力军。只有把社会生产力中人的因素与物的因素有机地统一起来,把中国特色社会主义事业发展中"以人为本"的原则与"以经济建设为中心"的原则有机地统一起来,才能更好地解放和发展社会生产力,才能在历史唯物主义的基础上,全面推进中国特色社会主义事业的发展。因此,从提出改革开放的那天起,中央政府对激励和调动广大科技人员积极性的相关政策措施的制订,几乎没有停顿过,梳理一下,大致有以下几类:一是人才政策,二是经济激励政策,三是奖励政策。通过政治上鼓励、政策上激励,授予荣誉、给予经费支助、给以政策性补助,提供税收减免和项目补助等手段,为技术市场的发育和发展提供了实实在在的扶植引导措施。例如,国家从解放"右派"、落实知识分子政策开始,就接二连三出台提高知识分子社会地位的相关文件和措施。1977年12月,国家科委召开全国科技规划会议,在方毅主任的主持下,制订了国家的科技发展规划。1978年10月9日经中共中央批准,国家科委召开大会,为"科研四十条""广州会议"等案彻底平反,对受打击的干部和科技人员恢复名誉,平反昭雪;同时,国家召开全国科技工作会议,讨论和草拟了《关于科学技术计划管理体制改革意见》等5个讨论稿。1979年11月国务院发布了《中华人民共和国自然科学奖励条例》《工程技术人员技术职称暂行规定》。1980年2月中国科协发出《关于建立科技咨询机构的通知》；同年4月，国家科委、外交部、财政部发出《关于国外科技专家来华工作的暂行规定》；1981年5月8日，陈云专就提拔培养中青年干部作了讲话，他指出"必须改变党将知识分子拒之门外的状况"，"没有老干部不能实现四化，没有大批知识分子参加到我们党的干部队伍中来，也决不能建成现代化的新中国"。1982年3月，国务院制定《聘请科学技术人员兼职的暂行办法》和《合理化建议和技术改进奖励条例》；10月国家召开全国科技奖励大会，大会给552项科技成果授奖，其中428项是国家发明奖、124项是自然科学奖。1983年，国务院成立科技领导小组，由国务院总理担任组长，国务委员、国家科委和国家计委主任任副组长，国家市计委、经委、科委、国防科工委、中国科学院、教育部、劳动人事部等部委的领导参加了这个小组的工作。整个技术市场工作，从国务院开始，按照中央的指示精神，做到了组织落实、政策落实，为技术市场在中国的诞生、萌芽、形成、发展，发挥了十分重要的作用。

科学技术是社会生产力中十分活跃的和起决定作用的因素，是提高社会劳动生产率的基石，是人类物质文明和精神文明的源泉。"四个现代化"的关键是科学技术现代化。科学技术的进步，需要正确的发展战略和政策指导、严密的组织管理和良好的外部环境。改革开放以后，中央提出的"经济建设必须依靠科学技术，科学技术工作必须面向经济建设"的方针，以及1985年出台的中共中央《关于科技体制改革的决定》和其后一系列重要政策，成为我国新的历史时期促进制订科技工作法律制度的重要基础，也是我国发展科学技术从单纯依靠政策手段、行政手段，逐渐向政策的、行政的和法律强制力的手段相结合的时代过渡的标志。使党和国家的科技工作和广大劳动群众在改革中创造出来的成功经验，上升为国家的法律制度，成为由国家强制力保证其实施行为的准则，这是科技工作由人治转向法治，实现其长期稳定、迅速发展的保证。正如列宁所说的，"意志如果是国家的，就必须由权力机关制定成法律，否则'意志'这两个字只是毫无意义的空气震动而已"。因此，在当时中国技术市场兴起的年代，我国的科技立法也出现了前所未有的景象。

随着技术市场萌芽的出现、科技体制改革决定的作出，我国的科学法律制度也开始向科技部门法的方向进行规划和运行。首先,在国务院的统一部署下,对我国既有的科技法律进行清理。通过整理、归类和编辑,总共收集了255件人大常委会通过的有关科技工作的法律、国务院发布的科技方面的行政法规和部门规章,以及新中国成立以来的重要的科技法规性文件,并收集国内有关科技立法的重要论文近百篇,对我国当时的科技法制历史和现状做了比较翔实的调查,对我国科学技术法制情况有了一个比较全面清晰的了解,为制订新的法律制度提供了可靠的依据。接着,国家组织了对国外科技法律制度的调查,尽管资本主义国家的社会制度与我国不同,但这些国家的科技法规中体现科学技术发展规律的有益成分,依然是我们可以借鉴和应用的重要内容。当时,国家有关部门搜集了上千件外国的科技法律,为制订我国的科技法律提供了非常重要的素材和经验。专利法是改革开放之后最早酝酿和起草的国家法律。为了制定一个符合国情、又不落后于世界的专利保护制度,国家科委于1980年6月专门组织了由国家科委领导带队的专利工作考察团,到建立专利制度较早的巴西进行考察调研。在巴西外交部、工业产权局、计量标准质量管理部门的支持下,我国考察团不仅获得了许多有益的信息,还获得了联合国发展计划署和世界知识产权组织援助巴西推行专利工作现代化计划的情况。这次调研和考察为我国专利法的起草起到了十分重要的作用。

马克思认为,"法律是肯定的、明确的、普遍的规范",它要求"立法者应该把自己看作一个自然科学家",使"法律文件具备自然科学的精确性"。长期以来,我国科技工作主要依靠政策手段和行政手段进行调整,科学技术与法律似乎是两个相隔遥远、彼此陌生的领域。为了建立立法工作的秩序,提高科技法律的科学性、规范性和实践性,国家科委专门制定了《关于国家科技立法分工和程序的暂行规定》以及《国家科委科技法规规范化的暂行规定》两个规章,先期把我国的科技立法组织工作纳入了法制的轨道,为积极慎重制定一系列基础性法律奠定了基础。我国科技立法基础薄弱,制定综合性的基础性法律,对形成科学技术法律体系十分重要。改革开放初期的科学技术法制面临着许多重大课题,科技体制要改革,科技计划要实施,技术市场要开拓,智力劳动要保护,科技成果要推广,基础条件要完善,新兴技术要开发,国际科技合作要发展,这对在百废待兴局面下的中国政府来说,要做好科技立法工作,任务繁重。改革开放之后,在计划经济体制下对旧体制进行改革是件大事,加之技术市场开放和技术进入市场交易需要规范和保护等,各项工作千头万绪。为了使科技立法紧贴和服务于改革,服务于经济建设,并推动改革和四化建设的发展,在把立法计划中将"专利法"和"技术合同法"作为重点的同时,对科学研究和技术开发机构法、科学技术学术团体法、原子能法和研究科学基金法、新技术风险投资法、专业技术职务法、科技评价法等法律的立法可能性,作了评估和准备。在此背景下,1978年9月,国家颁布了《中华人民共和国环境保护法(试行)》;1984年3月颁布《中华人民共和国专利法》,1985年4月1日正式实施;1987年6月颁布《中华人民共和国技术合同法》,于1987年11月实施;1996年5月颁布《中华人民共和国促进科学技术成果转化法》;1993年7月颁布《中华人民共和国科学技术进步法》与《中华人民共和国农业技术推广法》等。在这些法律的引领下,国务院和相关部委又出台了许多与之相配套的实施条例、细则等,为中国技术市场进入发展和繁荣阶段,提供了较为完善的法制保障。但是从20世纪90年代末开始,我国的科技法律制度走向稳定阶段,除了某些法律作了一些修订之外,技术市场中几乎没有出台新的法律,也几乎没有在科技法制建设上看到新的举措。这也是我国在建立市场经济体制之后,技术市场工作没能在进一步发育与发展上得到法律法规有力支撑和保障的重要原因。

第五章 中国技术市场的基本服务队伍

技术市场的基本服务队伍,是保障技术市场开展活动和正常运行、完成中国技术市场使命的重要力量,是我国技术市场体系中的重要组成部分。建设好技术市场的这支骨干队伍,对于培育与建设、发展和繁荣技术市场,促进技术成果的转移、转化,解决科技与经济的结合,完成技术市场的中心任务,具有决定作用。

有专家认为,在技术市场的活动中,"技术转移是一个技术或科学方法的从概念化到产品实际商业化的过程。基础科学被发现和利用,适当的市场被确定,制造方法被开发,概念和产品从不公平模仿中被保护,融资工作将完成。成功的技术转移包容科学、工程、法律和营销等大量工作,需要很长的时间周期"。这一段话是对技术转移过程规律的一种客观描述。

中国技术市场的基本队伍正是依照了这一规律为技术市场的健康发展提供组织管理与公共、公益性服务的队伍。这支队伍,包括长年活跃在技术市场中的情报信息服务队伍、政策咨询服务队伍、全方位链式技术服务队伍、法律咨询服务队伍和综合科技服务队伍。回顾中国技术市场40年来的发展历程,这几支队伍有的是从无到有、逐渐成长壮大,有的是从小到大、逐渐完善。站在技术市场健康运行的角度,总结和提炼其中的成功经验,发现前进中的不足,提出需要完善的若干问题,对提升这支队伍在新时期的服务能力与工作水平,提升我国技术市场的环境并繁荣其氛围,具有十分重要的意义。

第一节　情报信息服务队伍

为了使我国更好地在经济全球化的环境下参与国际科技经济的激烈竞争,科技情报工作将成为推进国家开展技术竞争的重要手段和有效措施。信息市场在适应这种新的变化过程中,必须置身其中,每个从事科技工作和技术市场活动的人都需要增强这种意识,保持这种敏感,为使我国在市场经济条件下主动开展技术竞争并立于不败之地做好准备。

情报信息,首要是情报,情报是第一性的,信息只是一种手段,获取情报才是目的。按照图书情报专业的定义,情报是经过搜集、整理和加工之后的信息。分析加工之后的信息,属于情报范畴的有用产品。因此,在技术市场活动中,在推进技术转移与转化的特定环境中,为用户提供信息或者是用户对信息市场的需求,其实都是一种对情报的需求。

如今,在科学研究工作和经济建设中,研究人员和企业生产者到市场中搜集、获取情报信息的目的,无非是两种情况。其一,为了"知己知彼",实现自己研究开发与生产活动的目的,"人无我有,人有我优"。其二,通过搜集前人和他人的研究成果,吸纳其有益部分,提供和增添前沿的、先进的、有价值的技术资料,为自己的创新活动和研究开发工作服务。

在互联网时代,科学技术日新月异、技术竞争十分激烈,人们获取信息的机会也容易得多、方便得多、快捷得多。人们将搜集到的文字的、图片的、声音的、音像的等不同载体和形式的物质的、非物质的素材,变成有用的、具有情报功能的信息,并使这些信息成为当今信息市场中受到追逐的目标。研究表明,在当今信息手段非常发达的情况下,许多国家和地区的研究机构及企业等使用信息的单位,甚至个人,在普通信息的获取途径上,国内外、区内外基本一致,几乎没有太大的差别。但是,在对于"内生性"的、具有智库特征的情报信息的提供上,其差距就显示出来了。在许多涉及竞争性情报范畴的内容方面,不同国家和不同地区、不同单位和不同人员,由于其搜集与整理分析加工处理信息的能力和手段不同,其情报的获取结果、质量也就千差万别。

在当今的技术市场活动中,大到国家,小到单位、甚至个人,要是离开了对情报的需求,那么只是为了得点消息而获取信息便变得毫无意义。

在和平时期,特别是在经济建设和科学技术发展中,情报信息工作同战争年代获取敌方信息的工作同样重要,对需要和利用情报信息的主体来讲,依然生死攸关。能否及时准确、真实可靠地获得情报、用好情报,对事情的成败起着举足轻重的作用。由此可见,在技术市场活动中,培养和建立高素质的科技情报信息队伍,其意义是不言而喻的。

科技情报工作人员队伍,是促进科学技术发展和技术成果转移、转化,推进国家经济建设工作的"耳目""尖兵"和"参谋"。因此,我国的科技情报工作也成了发展科学技术事业和推进现代化建设的重要手段与条件。早在1956年,我国建立的全国科技情报机构就叫"科技情报研究所",省里就叫"某某省科技情报研究所",各部委的情报机构就叫"某某部科技情报研究所"。为什么当时不叫"信息研究",而叫"科技情报研究"呢？其中的缘由是非常清楚的。据当时的统计资料显示,根据国家整体部署,国务院各部委先后建立了33个科技情报研究机构,各省市共建立了35个科技情报研究机构,连同各地县等基层的科技情报机构(所、站)在内,全国总共有大大小小科技情报研究机构3 000多个,形成了全国的科技情报信息网。专职的科技情报人员,在当时全国已经达到了6万余人,如果把兼职的科技情报人员计算在内,约有10余万人。

这支新中国成立后建立起来的科技情报事业生力军,是我国科技情报信息网络队伍的种子。改革开放后,为了进一步推进我国科技情报信息队伍的改革与建设,国家在1980年的全国第五次科技情报工作会议上,提出了"科技情报工作必须有效地为国民经济建设服务"的方针。在这个方针指引下,全国广大科技情报工作者,在为各方面的科学研究工作提供大量的情报信息服务的同时,也积极地为地方经济建设提供服务。国家和各地的科技情报研究机构的工作人员,通过对国内外文献资料的大量搜集、系统分析与研究,为我国有关部门提出了许多符合我国国情的建议,为领导决策提供了有价值的参考,也为编制国家的规划和计划,提供了科技情报服务。

同时,我国的科技情报研究机构还为政府确定和准确选择科技攻关项目提供了大量的资料与数据。例如,20世纪80年代完工的国家重大工程葛洲坝第一期工程,就是由国家科技情报研究机构自始至终进行跟踪服务。当工程进入关键时刻,科技情报部门及时提供了《国外消能防冲参考资料》,对软基建坝下游消能防冲问题的解决,起到了重要的参谋作用。我国的科技情报工作者在为国家和各地引进技术的工作中,发挥了很好的尖兵作用,使许多部门在正确选择和引进国外技术或装备时少走弯路,加快了我国经济建设的步伐。如当年的大庆、胜利石油化工总厂,在准备引进丁醇、辛醇生产装置的时候,由于不了解国外技术情况,很难作出引进方案。我国科技情报部门及时收集、研究国外科技资料,提供相关技术情况材料,阐明多种技术的优势与劣势,从技术经济角度进行了详细的比较分析,提出并推荐了可以从国外引进关于低压羰基合成法的新技术。有关部门慎重研究之后,决定引进这项技术,避免了在引进工作上走弯路。此外,科技情报部门还为广大农民提供农业技术信息服务,受到了他们的欢迎。

　　随着改革的不断深入,科技体制改革向纵深发展,我国的科技情报机构改变了过去"等情报""等读者"上门的传统做法,走出办公室,走进主战场,深入生产第一线,将适用技术转移到生产建设,为市场用户提供服务。有的情报机构在提供技术情报的同时,还提供经济情报和产品情报、市场情报;有的还组织到国外引进样品,提供给刚刚兴起的乡镇企业进行仿制、吸收、开发、创新再创造。例如,浙江省政府在1985年就专门给浙江省科技情报研究所下达任务,由所主要领导带队,组织省轻工业厅、省二轻厅、省机械厅、省电子局和省乡镇企业局等省级专业厅局,与计划经济委员会的专家一起,充分调查市场用户需求,结合省内乡镇企业需要,专程到香港等地采购新产品样品,满足了小企业运用新技术开发新产品的需求,受到浙江广大乡镇企业家的欢迎,收到很好的效果。一些濒临破产的企业,通过对引进样品的解剖研究、开发再创新,形成新的产品,不仅提高了企业工程技术人员开展新产品、新工艺开发研究的能力,而且还丰富了商品市场内容。当时,全国各地的科技情报机构也纷纷开展了类似的活动,为技术市场的形成与发展丰富了内容,为培养中国技术市场自己的科技情报队伍,壮大自己的科技情报力量,奠定了很好的基础。

值得一提的是,在我国技术市场建立初期,由于信息工具落后,技术供需信息不对称,曾出现过一种"科技中介"现象。所谓的"科技中介",就是为技术成果的转移当"红娘"、做"媒婆",牵线搭桥,提供简单的信息沟通、介绍。当时,这支队伍主动在研究机构与企业之间"穿针引线"。那时没有互联网,科技中介就成了我国技术市场最早出来传递信息的一种职业人。科技中介的出现对推进和繁荣初步发育的技术市场,起到了一定的作用。然而,由于互联网的出现,社会对信息的需求和供给,从形式、手段到内容,都已发生了质的变化。政府和研究机构、研发人员与生产企业,对信息的需求与期望大幅提高,对这种简单化的中介服务已经不感兴趣,这种传声筒式的消息传递,已经不适应市场和用户的需要。用户需要的是经过专业机构搜集、整理、加工之后,有使用价值的、能参与市场竞争的、有竞争力的具有情报内涵的信息。因此,需要具有专业背景的技术人员,运用专业技术手段,运用现代知识加工,完成具有竞争力的情报信息产品。这是中国技术市场在新时期信息市场功能发生变化的显著特征。由此可见,当今市场所需要的信息服务,是有能参与市场竞争价值的情报服务。消息形态的介绍、传递,以及没有情报功能的信息,已经变得毫无意义。

第二节　政策咨询服务队伍

改革开放之后,特别是国务院提出了技术市场工作要执行"放开、搞活、扶植、引导"的方针之后,为了鼓励科技人员、科研机构进入经济建设主战场,将实验室技术成果推向市场、进入企业,开发成产品、转化成商品,成为能够满足人们物质生活需要的物品,国家和各级政府花了大量精力,深入基层,调查研究,反复论证,听取意见,出台了许多具有激励作用和引导作用的政策、措施。数以千计的政策、法规的出台,有效地提升了人们对市场经济的理解,提高了对商品经济的认可度,对促进中国技术市场的繁荣,起到了重要的作用。

然而,好的政策要想发挥作用,除了政府发文、媒体宣传、网络传播外,最根本的还是要让这些好政策能够覆盖市场,让所有需要政策激励和引导的民众都了解,并能贯彻使用。因此,做好这项工作,技术市场服务人员的工作不可或缺,政策咨询就成为技术市场活动中服务市场的重要内容之一。这种服务工作,重在对政策条文的理解,关键在执行。服务人员除了能向民众逐条解释和通俗辅导外,还需要能帮助人们办理相关手续,让党和政府的政策雨露,能够滋润到每个符合条件的载体上,从而让其发挥好应有的作用。

政策咨询辅导队伍是在技术市场活动中、在市场经济环境下形成的一支特殊队伍,是技术市场服务体系的重要成员。

所谓政策咨询辅导,就是对已发布实施的政策条文及其内容向民众进行解释,对实施和应用这些政策的工作开展辅导的活动。法律法规具有强制性,且国家设有专门的机构开展普法教育,宣教工作和效果要比政策措施做得好。政策措施是由政府行政机关制订的,不具有强制性;政策出台后,由于缺乏后续宣教,缺乏指导,许多好政策往往得不到有效贯彻,没能最大限度发挥应有作用,造成政策在执行上的指导缺位。结果,政策一轮一轮地出,热一阵子就凉,做了"无用功";有的新政策,没有设计好对旧政策的覆盖,出现同类"政策重叠"、区域间"政策矛盾"和"政策失效"等现象,存在"政策浪费";有的优惠政策只能为少数人服务……

政策咨询与辅导服务,在开展技术转移、转化的活动中一定程度上影响着技术转移的效率。一些企业和科技人员对政策知之甚少,或者政策束之高阁,被白白浪费,让人痛惜。大家在关注专业服务的时候,政策宣教和法制辅导的服务意识却不强。因此,政策和法规的宣传与普及,是市场经济条件下,发展和繁荣技术市场的一个不可或缺的手段。改革开放以后,从国家到地方,出台了不计其数的政策,扶持技术市场的建设与发展,今后还将会继续出台力度更大的政策措施,所以,重视培育和加强这支政策咨询与辅导工作队伍的建设,使其成为政府用政策推进科技与经济结合的帮手,是当下中国技术市场服务活动需要特别重视的主要工作之一。

第三节 全方位链式服务队伍

技术市场活动的全方位链式服务,是一项复杂的系统工程,是技术转移、转化的主体,特别是中小企业在开展技术转移、转化活动时所需要的,也是科技服务机构和服务市场所必需的。全方位链式服务分为技术转移的全方位服务和技术转化的全链条服务两部分。

技术转移的全方位服务,是从生产要素介入技术转移活动的横向关系角度上考察的,针对的是与技术转化密切关联的生产要素和生产要素市场。包括了技术、人才、信息和资本等各种生产要素在技术的转移和转化中,通过组织、策划、协调等活动,促进这些要素和要素市场之间的合理运动和恰当融合。

技术转化的全链式服务,是从技术发生转移到实现转化整个流程的纵向关系角度上考察的,即从发明人提出技术创意、开展实验到进入样品试制和产品生产,直到实现产业化,这样一个技术转移和转化的过程而言。在这个过程中,为技术转移、转化提供服务的顶层设计与谋划,开展服务前的组织、部署与协调,直到参与期间某环节与某内容的技术性服务的一系列系统性活动。

需要说明的是,从技术转移和转化的路径考察,或者说从技术扩散或知识扩散的角度考察,这种全链式服务包括了对技术在垂直转移和水平转移两个方向上的服务,这才是科技服务市场提出全链式服务的完整意思,如图5-1所示。

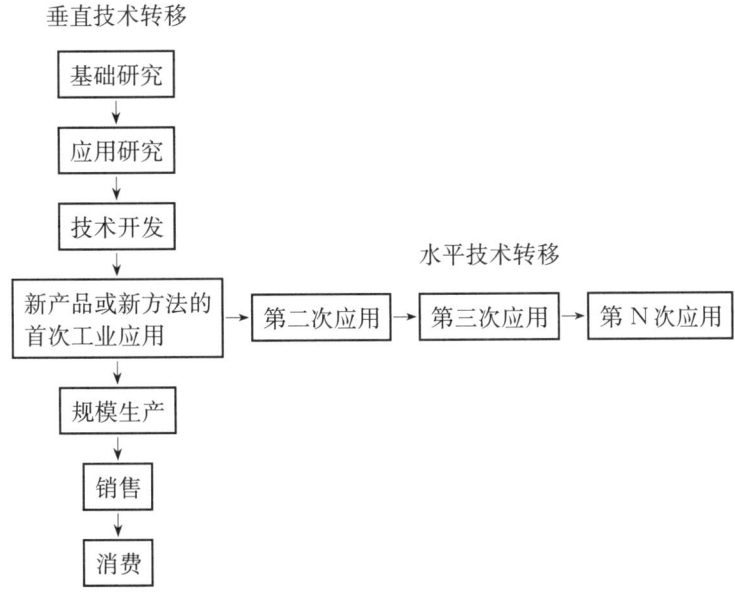

图5-1 技术转移和转化路径示意图

本节所说的全方位链式服务,指的是以技术的转移为目标、以转化为目的的活动,它们通过技术从知识形态向物质形态的转变,最后实现商业化、产业化,甚至国际化的整个过程。其所形成的链式系统开展的服务活动即被称为全方位链式服务。

这种活动也可以认为是技术由基本研究发展到应用研究,再由应用研究发展到产品开发,由产品开发发展到产品的生产与活动,将"科学变为技术,技术最后变为新的(改进的)产品或制造方法"的整个过程。理论上所谓的垂直转移过程,也可以说,是技术在某地、某组织或某种背景下,从一地到另一个应用地的变动(变迁)和具有明显物理移动的过程。它包括技术在实验室研究过程的服务,也包括技术离开实验室之后,在产品开发、商品研发过程中的服务,还包括技术进入企业开展转化、形成量产直到实现商业化、产业化过程中所提供的系统性服务。

整个过程包括了顶层设计与策划服务,从技术市场信息搜集到提供情报的服务,再到组织资本、人才等生产要素市场之间开展互动的服务,也包括技术的二次、三次、N次研发的服务,直到实现技术产品的商业化、产业化活动全过程的系统性服务。整个服务链条,内容繁多、情况多变、问题复杂、充满风险,对服务的要求也复杂多元,且前景难卜。

这种全方位链式服务系统,很像我国农村20世纪五六十年代的农技员队伍的活动方式。他们长期活跃在田间地头,从提供种子、肥料的服务,到种子播种、施肥除草、杀虫除害、田间管理的服务,从稻谷收割、储存保鲜的服务,到收购销售的服务,形成了"一条龙"服务,一叫就到,一帮就灵,非常方便和实用。当然,技术市场的服务,从内容、要求和难度三方面看,远比当时为"三农"提供的服务来得复杂严格得多,但这种形式、精神和服务模式,仍是当下技术市场可以仿效的。

现在,技术市场中科技服务的功能和范围更广,专业领域更复杂,市场和用户对服务内容、对服务队伍素质的要求更严格、更丰富、更多元。因此,采用链式服务方式,符合技术转化规律,符合技术市场的活动目的。特别是在新技术、新工艺层出不穷的情势下,技术市场作为承担转化工作的主体,对科技服务的需求复杂多变,期望更高,全方位链式服务也给技术市场的活动及其管理提出了更高要求。可见,培养这支专业技术服务队伍十分重要。这支队伍决定着技术服务的效率与成败,决定着技术市场的繁荣程度,决定着技术市场的发展水平,这是一支为企业提供服务的生力军,是中国技术市场在推进技术转化过程中的中流砥柱,其功能与作用是任何组织都不可替代的。

在技术市场活动中,企业开展技术转化活动的需求是多层次的,服务需要是全方位的,对服务机构的要求是严苛的。但是,目前在服务市场中,素质高、能力强、有规模的科技服务队伍并不多,无论是在服务理念、组织形式、服务人员结构、专业特长,还是在市场意识、服务方式、服务专业技能、品牌意识与社会评价、口碑等方面,都存在诸多问题,无法满足技术市场主体的需要。许多用户对当下多数服务机构和人员的评价不佳,甚至有人批评当下中国科技服务队伍规模小、队伍散、水平低、服务乱、信誉差。服务简单化、内容碎片化、绩效功利化,导致我国的科技服务登不上大雅之堂。加之我国科技服务市场还缺乏符合市场规律、切合实际的活动规范,例如服务标准、收费标准等,致使技术服务领域的不规范行为时有发生,损坏市场形象,影响技术市场声誉和技术市场的健康发展。服务市场组织构架"左中右内容分离,上下游功能脱节",不利于优质服务的展开。"只会剃头、不刮胡子"的"半拉子"服务、碎片化服务,对企业转化技术并无益处。抓紧培育和建设能提供全方位链式服务的队伍,是由技术市场服务规律决定的,其重要性与必要性毋庸置疑,需要高度重视。这支队伍的好坏决定了技术转化效率的高低,对发展和繁荣中国技术市场十分重要,从一定意义上说,决定了中国技术市场的兴衰。

第四节　法律咨询服务队伍

市场经济是法制经济。在市场经济条件下,中国技术市场的活动有赖于法律救助和保驾护航服务队伍的跟进。这是技术市场活动得以有序开展,技术市场自身也能得以健康发育、发展、繁荣的重要保障,国家法律与激励政策,成为中国培育和建设技术市场的两项重要保障手段。40年来,这项工作几乎是在从无到有的情况下发展起来的。

中国技术市场的法制建设主要由以下3部分内容构成。

第一是技术规范。尽管它不构成法律，但它是科学技术法的萌芽，对科技的法律制度建设具有至关重要的意义。它的出现可以追溯到遥远的古代，即使在生产水平很低的时代，人们也能在实践中认识到，某些自然规律是不可抗拒的，违反了它们，必然会受到惩罚，也将对社会造成消极的后果。这时，法律就开始和科学技术建立了最早的联系。

第二是知识产权法。它代表着科学技术法的形成。19世纪以来，随着科学技术的蓬勃发展，特别是科学研究成果和技术发明创造广泛应用于生产实践后，在资本主义商品经济条件下出现了旨在保护发明创造和科学、文学、艺术作品的知识产权，这是近代科学技术法的起点。知识产权最初只是著作权、专利权的总和，今天已经发展到涉及发明权、发现权、数据程序权、科技成果权等广阔的领域。它的意义在于通过立法确认科学技术成果创造者的人身权利和财产权利，使科学技术活动纳入国家法律调整的范围。

第三是属于宏观法治范畴。即随着科学技术的进步与人类依靠科学技术的发展趋势，科学技术法已经开始从民法和经济法等部门法中独立出来。运用法律手段对科学技术活动实行宏观管理，是当今法制的国际潮流。近几十年来，在各国颁布的法律中，科学技术法律法规所占的比重越来越大。有的国家在制定科学技术单行法的同时，也在积极研究制定科学技术基本法，探讨新技术革命的立法，强化促进科学技术工业应用的法律制度。改革开放以后，我国的科学技术体制、科学技术自身结构，宏观的科学技术决策和规划，微观的科学研究和技术开发，以及宏观和微观的科学技术活动之间的关系，都需要借助法律武器加以控制和调整。科学技术的进步和新技术产业革命的兴起，也正在改变着人类的社会关系，使得传统的民法、刑法、经济法和国际法，都得考虑科学技术发展的因素，像计算机软件的保护、生物工程的控制、信息的社会管理、深海及太空的主权等一系列问题，都需要用反映科学技术发展规律的法律来解决。现代科学的发展还为立法、执法和司法以及法律科学的研究等提供了先进的武器。

可见，中国技术市场发展进入这样的法制化时代，技术市场为科技进步和科技成果转化，提供法律救助和保驾护航服务的队伍建设，将成为中国技术市场必不可少的重要任务。纵观我国技术市场的发展脉络可以发现,当前技术市场急需培育和建设法律救助和保驾护航服务队伍,主要应重视以下3个方面的工作:

一是《专利法》及其相关法律的实施服务与救济工作。《专利法》是我国最早出台的国家科技领域的法律制度,它为我国科技人员进入市场起到壮胆定心的作用,为我国知识产权的迅猛发展发挥了关键的作用,是我国影响最大的科学技术部门法。除了国家的宣传,更重要的是广大科技人员和企业在参与经济建设的过程中,已经懂得和学会用专利来保护自己的权益不受侵害,这是难能可贵的。从服务市场角度来看,《专利法》的法律服务队伍和服务体系,也是最早完成建设和目前最为完善的。

二是《技术合同法》及其为技术交易活动提供法律保障的法务工作服务,还包括技术合同的仲裁。《技术合同法》是在中国技术市场萌芽、形成时期出台的一部提供给科技人员将技术成果进入市场交换的民事法律。它是保障技术市场当事人在市场中开展技术成果交易,对当事人的行为进行规范与约束,对双方的权益给予保障的一部重要法律。自1987年颁布以来,《技术合同法》为中国技术市场轰轰烈烈的技术交易,提供了最为基本的法律武器,为我国进入改革开放和实施商品经济,把技术推向市场交易,做出了突出贡献。这部法律最为值得肯定的是,使广大民众由此增强了交易双方在商品经济条件下,交易双方的合同意识;懂得了市场交易应当订立合同,双方交易主体必须通过合同约定权利义务,并按合同的约定履行各自的义务,产生纠纷要按照合同约定,作出公平公正的处理;为国家进入并正式建立市场经济体制,从法制意识和法律知识上,奠定了重要的基础。

三是为技术市场中开展技术成果转化的组织与个人,提供法律辅导与救济。这支能提供依法保护和主张权利,实现保驾护航的专业化咨询服务队伍,是技术市场中的民众渴盼求助最迫切的需要。40年的技术市场实践让人们逐渐认识到,依法参与和开展技术市场活动,是市场经济的法则要求,也是依法保护包括自己在内的权利与义务的重要手段。技术市场活动需要这支队伍向民众提供法律武器与手段,保护当事人的权益不受或少受不当侵害。同时,还要让用户懂得自己的市场行为,也应当在不侵害他人权益的前提下进行。在养成保护自己权益的同时,也应保护他人的权益不受侵害。牢固树立双向保护意识,是技术市场活动中必须提倡的理念。

当前,我国专利和知识产权队伍是我国科技服务市场中体系最完备、运行最规范、效果最理想,与市场经济体制贴得最近的一支队伍。但是,技术合同的服务仍存在较多的问题。根据国家出台的《技术合同管理办法》和《技术合同认定登记管理条例》,技术市场本身需要培养和建设一支能够为技术合同当事人提供合同订立、交易实施、履行或者解约的服务队伍。认定登记管理中技术合同认定登记员的一项重要职责就是要负责对合同双方当事人订立的合同条款进行审核和服务,防止因不当条款引发纠纷。可是,这些年来,这项认定工作入了歧路,登记员的主要精力只花到了统计交易额和为当事人享受政策提供服务上。因此,需要加强对认定登记员的业务培训,以确保他们能按照国家合同法的规定,履行职责,做好工作。

第五节 综合科技服务队伍

综合科技服务队伍,顾名思义,这是一支为技术转化主体提供综合性服务的队伍。它包括对服务项目的顶层设计、系统规划与协调组织。在服务市场中,综合性科技服务队伍的功能、作用和对服务人员的专业要求,特别是有关技术转移的相应知识、经历以及对转化规律的认识,对生产要素与要素市场规律的熟知等方面,远远高于一般服务组织与人员。从某种意义上说,它是各种服务队伍素质的集合,是技术转化服务中最具关键意义的队伍,起着主导和领军作用。这支队伍由知识面广阔和服务经验与阅历丰富的,具有一定资质、资历的专家、科学家组成。这种综合服务团队将从整体上为用户提供全套服务操作方案与策略,为专业服务人员与机构的介入,开展技术、经济、政策、法务的众多服务,完成服务工作的顶层设计,为整个服务活动指明方向,确定服务目标。

在当前的技术市场实践中,这种服务形式往往被用户忽略。许多用户习惯"头痛医头、脚痛医脚"式的专业服务,对综合服务进入企业心存顾虑,其中有的是没有使用专业团队的意识,有的则是为了省钱、省事。多数专业服务机构进入企业时,不注意、也不具有从整体上为企业诊断的能力,很少能够为企业提出有价值的关键性咨询意见。

人生了病首先应找全科医生诊断,搞清病情,然后才可对症下药。在服务市场中,综合科技服务就好比医院的全科医生,在专业服务机构为其提供服务前,先对整体情况进行"诊断""会诊",再针对"病情",作出服务规划,从整体上弄清企业存在的真正问题,避免误判,防止"误诊"。可是,这种综合服务职业和形式却被人忽视。综合科技服务也同接受工程项目作总体设计一样,要有熟悉这个领域的总工程师、首席专家,作全面评估,对服务内容作出安排,提出重点、目标和验收指标等,具有极强的业务性和专业要求。必要时,综合服务专家需要根据转化主体的实际情况,对各种要素资源配置和服务资源进行整合,并提出解决方案、工作规划和实施计划。

综合科技服务是一项系统工程,由本行业的高级专家担任主角。国家劳动部曾设立"高级科技咨询师"岗位,组织全国进行职业高级科技咨询师的考证,其立意也是为了更好地提升从业者素质。从事综合科技服务工作的人员,必须具备以下条件:

一是熟悉服务领域相应规则;具备良好的职业道德、敬业精神和执业经历;思维活跃、思路开阔,具有较强的创新意识和宏观思维;具备善于开展策划与顶层设计的能力;在本行业中具有一定影响力和知名度。二是熟悉国家相关法律、法规及行业的规章、规程、制度;熟知相关技术项目的产业政策、技术政策、商业规程与制度。三是熟悉技术项目研究、开发、转移的流程和规律;掌握技术产品的生产及产业化的规律与一般流程和一般企业管理知识;掌握本行业(专业)的业务特点、规律与规则及服务技巧和艺术。四是熟悉技术转移、转化中对各种生产要素的需求规律和要素投入的时机与规则;掌握技术项目在转化和商业化进程中的风险预判与把控。五是熟悉企业家和研究人员在技术项目转化过程上的心理期盼与承受度;具备较好的心理素质,思路清晰、思考缜密、逻辑严密、反应敏捷;有较强的语言(文字)功底和表达能力,具备善于与人进行沟通的能力。六是熟悉能满足综合服务需要的事业与企业财务知识和相关税务知识;有较强的组织和协调平衡能力;工作雷厉风行,作风民主,善于听取和吸收不同意见。

第六章　技术转移与中国技术市场

1982年10月,中央领导在国务院召开的全国科学技术奖励大会上提出加速科学技术的"四个转移",目的是加速科技成果向生产力转化,加快科技与经济结合的步伐。"四个转移"是改革开放的产物,是技术市场的中心内容,是市场经济不可或缺的主题,是提升核心竞争力的根本动力。当时,这"四个转移"的具体内容是指:实验室的技术要向生产转移,军工技术要向军民兼用转移,沿海地区的技术要向内地转移,国外的技术要向国内转移。技术转移的提出,正好与中央提出开放技术市场同步,两者紧紧地联系在一起。此后,伴随改革开放和对旧体制改革的步伐,科技人员、企业家、技术市场与相关工作者,在技术转移的道路上,"摸着石头过河",先行先试,心无旁骛用自己的智慧和劳动,一心一意地置身在中国轰轰烈烈的技术转移实践之中,为中国科技由弱变强,经济由穷变富,做出了巨大的贡献。

在学术界,"技术转移"这个名词有众多说法,涉及定义、内容、规律与方法,也包括技术转移主体,国内、国际技术转移之间的关系等。这里面有理论问题,也有认识问题。在技术市场的实践中,弄懂技术转移与转化的基本问题,对做好技术转移工作具有重要意义。

第一节　技术转移的内涵

研究表明,技术转移是一种知识和技术能力的扩散。从本质上看,是技术从发明人头脑中,向另一部分人扩散与传播的过程,是向另一个法律主体渗透的一种活动与过程,这是技术不同于普通商品的特殊性所决定的。因此,技术转移,就是为了实现技术转化。只转移不转化,就是移动,移动不是转化。

但是,长期以来,涉及技术转移的内涵和定义问题,业内众说纷纭。"technology transfer"在汉语中有"技术转移"和"技术转让"两种译法,业界在研究和讨论这个问题或者在实践技术转移工作时,往往将两者混用。在国际经济理论和技术理论中,首次使用技术转移这个词的,是 20 世纪 60 年代中期联合国支持发展中国家的报告,报告指出:"发展中国家的自立发展,无疑要依赖于来自发达国家的知识和技术转移……"

有人说,技术转移是方法、工具、技术或设备的转移,它不仅拓展、跨越国家的边界,而且成了从一个头脑到另一个头脑的移动。也有人认为,要把技术转移视为一种过程,通过这种过程,资源就可以在组织间转移,其结果是在组织间转移了技术,以及转移了应用、开发这项技术与产品和服务的能力。美国大学技术经理人协会(AUTM)还给过这样的定义:"技术转移,是从大学和非营利机构执行的科学研究所获得的新发现和创新成果,为了公共利益向商业部门的正式转移。"总之,学术界在技术转移的定义上,大致可归纳成以下 5 种观点。

(1)"移动说"。

即从动词的角度表达技术转移的活动,认为其就是"技术的移动、携带、输送等"。有人把技术转移定义为两个方面,一方面是说技术从它的发源地到使用地的移动,另一方面是说技术被终端用户接受并使用。有人则将其定义为"技术、方法、系统、诀窍、货物、服务和人的跨界移动"。也有人说技术转移是知识(例如设计、创意、研究成果、专利、诀窍、发明以及创新)为了商业化的目的,从它们的发源地,移动到了世界市场的过程,其形式是带来经济社会繁荣的产品、工艺或服务。有的教科书还将技术转移定义为"是技术从一个当事人输送到另一个采用它的当事人的受管理的过程"。

(2)"应用说"。

即从实用的角度表达技术转移,认为其是技术应用的一种活动,是一种

"技术被他人应用、利用,乃至商业化等"的活动过程。美国白宫管理与预算办公室(OMB)在 1994 年的一份报告中认为,技术转移是"意在使联邦实验室开发的创新成果为私人部门、州和地方政府以及其他国内用户所应用或商业化的努力及行动"。美国能源部在 1996 年的一份报告中认为,技术转移是"在某地、某个组织中,或者出于某个目的而开发的技术、知识或信息被别的组织、地区或出于别的目的而应用或使用的过程"。美国国家技术转移中心(NTTC)将技术转移定义为是"利用技术、经验、诀窍或设备,用于非开发组织原来目的的过程,技术转移可以导致商业化或者产品、工艺的改进"。美国联邦实验室技术转移联合体(FLC)在 1996 年的一份报告中认为,技术转移是"由联邦 R&D 资金开发的现有知识、设备或能力用于实现公共以及私人需要的过程"。

(3)"共享说"。

即从消费的角度表达技术转移,认为其是将技术实行共同分享的一种活动,是"技术被他人共享、交流等"。有人说技术转移是技巧或知识,还有诀窍和组织的理性实践等,在个人、产业、大学、公共研究机构、联邦、州、地方政府以及第三方中介之中的共享(sharing);也有人说,技术转移是"知识、技巧、工艺或技术在不同组织之间的交流或共享"。美国兰德公司在 2003 年的一份报告中指出,"技术转移包括创新创意的产生(通过有关知识和设备在联邦实验室、大学、产业和政府间的共享),以及这些创意以产品和服务的形式商业化"。

(4)"转化说"。

即从技术转移的本质与目的层面表达技术转移,认为其是为了满足广大消费者需要的活动,活动的前提必须是能将技术完成转化,生产出能够满足消费需要的产品。"转化说"认为技术转移是研究成果的转化或商业化。有研究者认为,"技术转移表示研究成果转化为社会可接受的产品"。美国能源部在 2000 年的一份报告中认为,"技术转移是 R&D 信息转化为可以被地方政府和私人部门应用的工艺、产品和服务"。欧洲投资基金 2005 年的一份报告是将技术转移定义为"研发成果进入适于市场销售的产品与服务的转化过程"。还有人将限于研究成果的转化以及基础科学发展为商业技术的这种移动,称为垂直技术转移;而将技术从发达国家移动到第三世界国家的这种移动,称为水平技术转移。

(5)"商品化说"。

即从技术成果转化成生产力的目标角度表达技术转移,认为其是技术成果商品化的活动过程。有专家认为,"技术转移是技术或科学方法的概念化到产品实现商业化的过程。在这个过程中,基础科学被发现和利用,适当的市场被确定,制造方法被开发,概念和产品从不公平模仿中被保护,融资工作将完成。成功的技术转移,将包容大量科学、工程、法律和营销等大量专家的工作,需要很长的时间周期,通常要几十年",因此,认为技术转移就是成果商业化。载体可以是样品、样机、图纸等,但知识权利人(拥有知识的人)与这些载体之间形成新的知识产权的所有权关系,其理由是如果没有人对这些载体发挥作用,转化的目标就不能实现。转移的目的是转化,人们是为了让技术转化,才去开展技术的转移。

综上所述,所谓技术转移,从物质形态角度,可以理解为是把技术知识和能力一并转移。从事技术转移活动的目的,是为实现该技术通过转移,达到转化和实现商品化(即产业化)目标。所以,技术转移应当是"拥有技术知识的人,将技术、知识与能力一并移动到另一方,与相关生产要素结合,转化成能够满足市场和消费者需要的产品的过程与活动"。

企业是技术转化的主体。技术的转化除了需要技术外,更需要市场和其他生产要素的介入与配合,承担技术转化的载体是企业,发明人一般不具备完成转化的条件。唯有企业,方可在市场经济条件下,以市场为导向,组织生产要素和要素市场,开展产业化活动,解决科技成果的转化问题,从而在真正意义上实现技术的知识转移、能力转移以及资产转移。

国际知识产权研究所在定义"技术转移"时认为,技术转移是"经济上有用的知识,从一个实体转移至另一个实体的过程"。美国国家航空航天局(NASA)的技术转移报告上说,"技术转移被广泛地定义为科学或工程知识,为了潜在的使用目的,从一个实体向另一个实体的过渡"。可见,技术转移是知识的使用。技术是知识,不是物体;转移是知识的使用,不是知识的移动。技术转移是一个过程,不是单一的事件。

从知识视角考察,技术知识包含隐性的部分,隐性知识的"转移"是技术转移中最受关注的转移形式。技术中包含许多隐性的知识,其本地化特性,加上技术变迁,使技术转移落地变得更加复杂。随着技术越来越成熟,制造过程也就越来越难转移,因为在操作、程控、机器安装、设备设计、设备检测等方面,存在着许多隐性的知识。技术转移想要获得成功,需要在学习上投资,以便获得这些潜在的知识。这种信息和知识的流动,可以通过书面文字等形式来实现,也可以通过操作和实践来了解与掌握,即对"默悟"的知识,通过"干中学"来把握。有人对此进行说明:"一种极端情况,制造产品的技术知识可能是完全'显性的',可从说明书、设计图纸和产品原型的结合中获得。而另外一种极端情况,技术知识完全是'隐性的',它体现在组织中人群的技能与知识中(即便它以其他较为有型的形式存在,也不能被他人很容易地获得)。这种知识的转移需要合伙人长期合作。实际情况是大多数技术,是显性知识与隐性知识的组合。"

由此可以得出这样的结论:隐性知识的转移,强烈地依赖于面对面的距离,以及关系的亲密程度。两个合作者之间的亲密程度,是隐性知识转移程度的关键因素。很多隐性知识的产生和转移,是通过技艺的身体语言或示范得以实现的。然而,隐性知识是不能完全转换成正式语言的,隐性知识的电子储存几乎不能发生,否则将导致知识的丢失。

技术转移是一种能力的转移。研究认为,技术转移是一种"在组织间转移了技术,以及应用该技术开发产品和服务的能力",因此,"技术就是能力,转移就是能力的移动"。有专家在研究国际技术转移时,将技术转移分为物质转移、设计转移和能力转移三个层次。

所谓"物质转移",是以新材料或设备,如机器、种子工具等及其使用技术的简单转移为特征。在这种情况下,技术对本地条件的适应性改造并不直接关心。而"设计转移"是通过设计,如蓝图和工装说明等的转移实现的,接受者能够在当地利用这种新技术。所谓"能力转移",涉及为终端用户提供其自身设计和制造新技术能力的、知识的转移。这种技术转移"三层次"的说法,已经被广泛引用。技术转移其实是围绕某种技术类型所产生的某种技术水准的知识群的扩散过程。各种技术从供方向受方的运动是一个动态过程,可以在地理空间上进行,也可以在不同领域、部门之间进行,其实质是技术能力的转移。

联合国亚太经济社会委员会曾指出,"任何有效的技术转移,应当提交在'能力转移'意义上的全部系统知识,并且应当围绕人力资源的开发和本地的能力建设"。联合国在2003年的一份报告中指出,"经验、知识、技巧和惯例的转移是能力建设",并且认为"近几十年技术转移的最重要的经验就是,技术转移需要集成能力建设、信息获取,以及政策措施"。

由此可以认为,获得技术能力是一个积累的过程,在引进技术、组织开发和使用的过程中,关键在于学习。在以技术转化为主体的企业,对于获得核心竞争力而言,技能、经验和技术诀窍的积累是最本质的,也是最困难的,需要时间。有人曾经提出技术转移领域中所谓"比较优势论"和"技术借用论"的观点,就是把体现在产品上的技术元素,同能够开发、设计和生产这些产品的技术能力混为一谈,认为外国企业在中国投资设厂生产出新产品,或中国可以购买、使用外国的新产品,就等于中国也具备了开发、设计和生产这些产品的技术能力,这就大错特错了。

大量研究证明,因技术知识的性质(包含大量的隐性知识,存在于组织过程中),决定了技术能力只能通过学习获得。而技术转移的有效性,取决于接受方的学习能力和努力程度。在进行国外技术引进的实践中,不会仅仅因为外国企业在自己土地上生产产品,就能自动获得技术能力。能力是组织内产生的,只有自主开发产品,才可能发展自己的能力。无论是合资,还是技术引进,对中国企业来说,都代替不了自主开发对技术学习的关键作用。

技术转移是产权的转移。在市场经济体制下,知识也是财产,而且是不同于一般物质财产的一种高附加值的财产。从根本上讲,技术作为知识财产,在转移时必然伴随着财产权利(知识产权)的转移。这种转移,可以是有偿转让,也可以是无偿提供。

AUTM总裁泰瑞·杨(Terry A. Young)在2002年将技术转移定义为"将开发的知识产权,转移到可以创造利润的领域,以获得商业价值的过程",清楚地说明了技术转移的本质是财产产权的转移。经济合作与发展组织(OECD)的一份调查报告中指出,技术转移的深刻内涵是知识产权的授权或许可。这种法律权利的转移,需要接受者具有运作工业工艺的技术能力方能受益。

在概念上,技术转移在不同场合有不同的含义。它可以指法律权利的转移,比如给予合同者的专利权利,或者政府授予专利许可给某企业。而科研机构向企业转移技术的核心,是一种相关者之间的利益安排机制,贯穿其中的主要是知识产权。当前,科研机构和大学及发明人向企业进行技术转移,主要形式就是将技术成果转化为知识产权后,许可给企业。因此,有效的知识产权保护制度就应运而生。这种以法律形式给予各利益主体的利益关系,明确界定了知识产权转让的输出方和接受方的权益,受到法律保护。其本身就是技术市场的激励机制,能够调动知识产权利益相关方的积极性和创造性,促使其建立起技术转移有效的合作机制,使得技术拥有方的技术创新和技术转移能持续不断地进行。

技术转移中有个"产权转移"的概念,由此引出了市场经济环境下法制社会所存在的"产权保护"和"资产评估"的重要问题。这是中国技术市场实践中一个有深度的研究课题,需要技术市场的理论工作者和实践者去深入探讨。

第二节 技术转移的特征

由于技术兼具显性和隐性的特性,一般来说,简单地从形态上去考察和研究技术转移问题是比较困难的。技术转移的以下3个特征,是引发技术市场诸多问题的根源。

一、技术转移的复杂性

技术转移是一个十分复杂的过程,可从以下4个方面来探讨。

首先,它是一种隐性知识的转移。技术在转移中的隐性知识是无法用语言、文字、符号表达的。有关技术成果的构思、设计、试制及其生产的技术诀窍类知识，包括研发单位及其员工的理念、精神、价值观等文化层面的知识和内部员工头脑中的管理知识等，都难以用相关文字与语言去表达。这种技术中的隐性知识，通常通过物化出现在机器设备上、存在于技术研发人员的头脑中，或者完全隐藏在技术成果中，或者体现在技术出让方的组织文化及价值观中，在技术转移的实践中难以把握和作编码化处理。尽管隐性知识客观存在，但因其非结构化和其表达、表现形式的模糊性，使其难以被技术采用方系统化地获取。所以，隐性知识的转移，需要通过"干中学"的过程去实现，它需要当事人的长期合作。仅仅靠转移技术中的显性知识，对技术引进来说是不够的，必须结合技术的研发过程，即在显性知识和隐性知识转换与融合过程中，掌握其规律。特别是吸纳技术一方，需要加强对隐性知识的深刻认识，认识其特点、特征和特性，驾驭它，才能跨越技术转移中普遍存在的"消化不良"的障碍，提升"引进、吸收、再创新"的消化吸收的真本领。隐性知识在转移上的难题，不只是出现在中国的技术市场，世界上任何一个国家都是如此。它是技术市场活动中最为复杂的重要表现之一。

其次，技术转移的复杂性，还表现在它是一种"能力的转移"和"能力的建设"。技术转移不仅仅是获得生产知识，而且是进行技术能力的建设。能力的获取是一个长期学习和积累的过程。为了使转移的技术能成为产品，应用于生活、生产领域，实现其商业化，除技术本身需要释放，包括技术秘密、诀窍、方法、经验等多种元素外，还需要其他配套的技术、技艺和相关能力元素的介入。认真观察研究创新成果转化的条件，就会发现创新后能成功地实现转移和转化，除了核心技术诀窍外，还需要能力和资产的协同。这在理论上被称为"互补性资产"或"配套资产"。按照"互补性资产"的概念，其中包括具有竞争力的制造能力，有效率的配售通路，提供良好售前、售后服务的能力，以及提供辅助性技术与其他内容的能力等。所以，在激烈的市场竞争中，技术创新者并不一定就是必然的市场赢家，追随者也并非就只能是市场的输家，关键在于，谁具有足够的互补性资产。互补性资产问题，同样导致了技术转移的复杂性表现。

再次，技术转移的复杂性，还表现在它是一种知识资产的产权转移。产权转移涉及产权保护和资产评估，对于知识财产而言，它是个比较复杂的问题。关于知识产权保护,国际贸易和可持续发展中心(ICTSD)与联合国贸易和发展会议在一份报告中指出,"知识产权保护的水平与内在技术流的规模和方向之间的关系,是高度复杂的","知识产权对于向发展中国家技术转移的影响,有着太多的不确定性"。韩国有学者根据对韩国技术转移的长期研究发现,在工业化早期阶段,学习主要是通过对国外成熟产品的反求工程和复制式模仿进行的。此时,知识产权保护将阻碍而不是促进技术转移和本土的学习活动。只有当国家积累了足够的本土能力,具有广泛的科技基础设施,能够进入"创造性模仿"的稍后阶段,知识产权保护才能成为技术转移和产业活动的重要元素。在工业化初期的许多国家,之所以假冒伪劣几乎成为通病,道理就在于此,只是每个国家情况不同,基础不同,呈现出各自持续的时间长短不同而已。中国也是如此。由此,技术转移中知识产权保护问题的复杂性可见一斑。

知识资产的评估同样也是个复杂问题。在技术市场活动中,技术的获得可以有许多方式,技术转移只是其中的一种。随着经济快速发展,产业界对技术重要性的认知与获取技术的需求日益强烈。人们在技术转移前,除了负有义务性和推广性责任的转移外,其首要工作还在于技术供给者与技术接受者对价格条件要达成共识,这是一件困难的事情。双方要通过订立协议达成共识,并得有一套可资信服的评价制度为双方提供咨询。技术评价牵涉因素最多,包括技术本身的评估因素、环境变动因素、法律因素、风险因素、执行能力因素等,都影响着技术价值的判定。技术价值的判定,还牵涉工程、法律、财务、管理等各项专业知识,但在技术市场的实际操作中,能兼具各项专业知识、又能对其价值具有判定能力的人,少之又少,而且,任何个人的主观因素都会影响判定结果,降低公信力。在各方需求殷切、又缺乏制度运作之下,建立一套技术评价的制度是当务之急。现在正在操作的那些林林总总的评价办法、公式、算法,只能说是一种"没有办法的办法"。因为技术的价值和市场价格,不是完全可以用数学公式计算的,许多情况下,这种技术价格是由市场需求和可市场化的实际情况决定的。

最后,技术转移的壁垒或障碍问题,也是技术转移复杂性的表现之一。在技术市场中,技术不是单独存在的,它包含政治、社会、经济和文化的价值,处理不好,会成为阻止技术扩散或转移的壁垒。这些壁垒情况复杂,有社会、政治、经济和文化领域的,等等。就技术转移而言,包括技术和市场的壁垒,如技术与市场的连接、技术实用性、竞争者的技术和市场的能力以及商业模式的灵活性。就战略和结构的壁垒而言,包括技术能力、技术投资目标、现有的市场战略以及有限资源的竞争、对控制市场的竞争。就社会和文化的壁垒而言,包括单位之间解释和沟通的壁垒、技术人员的语言和文化壁垒。鉴于此,成功的技术转移不是简单地把技术移动到一个新的环境就万事大吉,它需要用程序和基础助力技术的扩散,去突破上述壁垒。

在技术市场活动中,人们通过对技术转移的实践,也加深了对技术转移复杂性的理解。美国工程院有专家曾说,"将技术转移看作是加工的知识和完成的概念从研究实施者到技术利用者的简单的一次性转移并不总是合适的。更正确的技术转移,应理解为在非产业研究机构和产业之间相互的、多向的交流,包括采取许多不同的形式和机制"。与正常的创新过程一样,技术转移发生在创新过程的各个阶段,从初始的创意到最终的产品,通常是一个反复过程,包含采取多种转移措施。联合国亚太技术转移中心(APCTT)的一份报告认为,"技术可以认为是用于生产和利用满足人类生存与舒适需要的产品与服务的知识、技巧、经验和组织的系统。因此,技术转移不同于普通产品、工艺和服务的交易。它包括知识、技巧、经验和组织的交易所引起的整个产品、工艺和服务的支持系统和开发过程"。这段见解可以作为我们认识技术转移特征及其特殊性、复杂性的经验之谈。

可见,技术转移是某种特定生产工艺与产品相关的系统知识在国家、地区、行业内部或之间及技术体系内输出与输入的活动过程,也是科技成果、信息、能力和有形体的转让、移植、引进、交流、推广、普及及调整、应用等相关活动的总和。

二、技术转移的地理邻近性

研究发现,技术转移更多的是发生在地理邻近的组织之间,即"地理邻近性"对技术转移产生影响。根据地理邻近性的特点,聚集在产业集群中的机构更具有技术转移的条件。大学愿意将技术许可给在地理上紧靠自己的企业。大学研究人员完成技术发明后,其转移通常会面对面地接触与大学地理邻近、有激励措施的企业,开展专利许可活动。地理邻近性是研究机构和发明人进行技术转移选择时的一个重要因素。

经济研究分析证明,技术知识可以编码成为专利、蓝图、运行手册等。在互联网时代,所有这些编码信息完全可以低成本地满世界转播,地理位置不会成为问题。但实际上,许多技术还是具有专用的、复杂的、常常是隐性的特征。这种隐性知识很难、甚至不可能通过电子通信传递进入转化程序。我国当前过于依赖互联网,通过建设网上的技术交易市场和数据库,试图去解决技术在转移和转化过程中的一揽子问题。这种天真的、过于理想化的想法,从根本上不符合技术这种知识和能力在扩散时的特殊规律。在很多情况下,扩大技术知识的转移需要地理的邻近性,而且必须在面对面接触的条件下才能完成。

虽然技术的显性知识是可以通过通信技术在远距离传递的,但是这只解决了信息传递过程中的速度和效率问题。从这个意义上说,建设利用互联网系统的技术交易、交流平台是有必要的。但是,从隐性知识的特点和规律要求,它的转移需要面对面的接触和物理邻近性,必须要"面授机宜"。这种隐性知识比通常可以得到的编码知识更为重要。有专家认为,"邻近性,一般指地理邻近性,其重要性源自知识和学习的复杂性,特别是知识包括编码知识和隐性知识。新兴知识高度依靠隐性知识,而隐性知识最佳传播是通过人的面对面接触。地理邻近性就是能够提供这种知识传播的最佳机制",这是由隐性技术知识转移的特性所决定的。例如,美国的硅谷、中国台湾地区的新竹科学工业园等,都是技术转移中的地理邻近性特征的最好佐证。技术转移的地理邻近性,包括地理、制度、文化邻近以及技术邻近。它是产业集群发展的一个重要因素。

三、人员流动与沟通的双向性与反复性

依赖于人员流动与沟通的双向性与反复性,是技术转移的关键特征。要

是把技术转移只视作基础研究和应用研究的成果进入接受者应用的一种过程,那么这种认识意味着技术转移只是一个单向的过程。其实,技术转移是一个人与人之间双向交流的过程。从大学和实验室再到企业,开始时似乎主要是单向的,发展到后面,也就成了两个或更多当事人参与到一系列的沟通交流活动中来,由此建立起对转移技术诸多情况的相互理解。

实证研究表明,人的沟通是技术转移成功的重要因素。成功的知识转移,涉及的既不是计算机,也不是文件,而是人与人之间的相互沟通与作用。技术转移是技术通过某些沟通管道,从个人或组织向另一个个人或组织移动的活动。作为一个被个人或组织感知为"新"的创意、实践或对象,技术创新其实就是对信息的应用。技术转移的过程通常包含着技术创新从研发部门组织到接受这项技术的组织或企业的移动。当技术创新成果转化成在市场上出售的商品时,才能说明这项技术已经被完全转移了。所以,技术转移是人与人之间一种特殊的沟通过程,而且是双向、反复的。这充分说明,一项新技术的创造者和应用者长期合作的重要性。

早在1995年日本学者林倬史就在文章中将国际技术转移分为3类:第一类是文件形式的信息转移,如专利、蓝图、工艺图纸、手册等;第二类是设备形式的信息转移,如机器和工业工具;第三类是通过人和组织进行的信息转移,如派遣日本技术专家去当地,或者本地雇员去日本接受技术培训等。他认为,通过人进行的技术转移是日本型技术转移的特色,并取得了很好的效果。花井光浩等日本学者认为,日本型技术转移模式的技术转移行为主体,是当前技术开发、制造及运行的人才。中国台湾地区专家徐进钰在2000年总结中国台湾地区的经验时指出,"人才的流动在中国台湾地区的半导体技术发展历程中扮演主要角色,从早期RCA技术转移,到硅谷回流人才创业,都可以看到这个模式的不断使用。这是因为技术转移的目的,在于培植本地的技术能力,也就是生产与管理技术变迁的资源,包括了技能、知识、经验与制度结构的运作。技术转移中,除了硬件与物质性的转移外,更关键的是技术能力的移植与发展。在这之中,关键的要素是研究者与工程师的迁移,大多数研发知识是附身在人的身上的,必须借由人员的互动与接触,才有可能被动员与利用。当技术的转移包括了技术的管理与投资时,就很难只依赖于机械与技术的转移了"。因此,人力资本是把技术转化为产品的主要执行者,人力资本技术能力的积累是技术转移过程的中心问题。

过去,在进行技术转移分析时,人们忽略了技术的特殊性质,而把技术当成了"商品"。这说明人们在技术转移的活动中,看不到技术的复杂性,没有意识到技术是体现在人力资本结构中的一种特殊要素,没有认识到人力资本是创新行为的主要执行者。由此可见,技术知识的隐性特点和依附于人而存在的基本特征,是当今技术市场活动中一个认识上的难点;也是多年来人们对"技术也是商品"的观点理解不深,走不出"技术就是商品"这个简单化认识误区的要害所在。技术在商品经济和市场经济的环境中,作为一种知识形态的交换物,与普通商品在交易与交换中存在本质上的区别。人们只有通过不断的深入研究与学习,进行大量实践,才能将这种荒谬的认知从混沌中摆脱出来。

第三节 技术转移与科技成果的转化

技术转移在中国是个老问题。在研究和考察这一问题时,人们需要注意对技术转移和转化之间的认知,厘清两者的相互关系,这样有助于提高实施技术转移、增强促进科技成果转化的自觉性。研究这个问题,需要把握以下问题。

一、技术转移与科技成果转化是互为因果的关系

按照经济合作与发展组织的表述,技术转移可以理解为是知识的转移、能力的转移和产权的转移。有人认为转移就是移动,就是消费,就是共享,转移即应用。也有人认为技术转移就是技术的转化、商业化、产业化。技术转化由技术转移的目的决定,技术为了实现向生产力的转化而转移。要是技术只是为了转移而转移,技术不能在移动后实现转化,只是移动,不去转化,或者不能转化,便失去技术转移的意义,也违背了技术转移的目的。从这个意

义上说,技术转移就是技术的转化。或者说,技术转移是为了实现技术的转化,实现产业化。

技术从科学研究到开发,再到产业化的生产,经历的是一条众多要素参与转移与转化的长链。过去有人误认为,完成科研,形成成果,通过鉴定,出具评价意见之后,就自然可以转移。有人甚至荒唐地认为,转移就是转化了。其实,可转移的技术并不一定能转化。转移充其量是技术从科技人员这里移动到了企业家手中或者移动到了产品开发现场。实现了移动,是转化的开始,离转化的路途还十分遥远。可见,只移动不转化,谈何转移?

在技术市场活动中,完全意义上的技术转移,应当是一种有转化内涵的活动,是有以实现技术转化为目标的技术,从发明人这里转移到了转化的主体——企业家手里,这才是真正意义上的技术转移。它是研究机构与企业间在技术转移转化过程中的一种关系和活动,是需要研究与生产两个不同主体间共同合力完成的一种活动。离开了转化主体,被转移的技术是在一种没有转化条件的环境中活动,转移将失去意义,转化也将不可能实现。只有当技术从研究机构转入生产企业,这项技术的转化才有了前提,才有了可转化的基础。科技人员创造发明成果,是为了让技术转化成生产力;而企业开发生产,是为了让转移来的技术实现转化,通过转化和生产,获取利润。两个主体目的不同,职责不同,却目标一致。由此可见,技术的转移只是转化的形式、手段和途径,不是目的;转化是技术转移活动的目标、目的。弄清技术转移与技术成果转化之间的关系,对认识研究机构与企业之间的社会分工,认识科技人员与企业家在技术转化中的各自作用,认清企业是技术成果转化的主体的问题,具有重要意义和实用价值。

二、技术转移与科技成果转化是个漫长复杂且充满风险的过程

技术的转化并非是单纯的科技活动,它从现象到本质都属于一种经济活动。科技人员完成技术的发明创造后,技术进入了产品的研究开发,甚至进入市场交易和商业化的阶段,这是技术从实验室研究、开发到产品生产和产业化的一种跨越。因此,技术转化已不再是单纯的科技活动,它要比科学研

究活动的内容更复杂,困难更多,风险更大。这种风险不是科技人员在实验室里遇到的那种小失败、小损失。科技成果的转化和产业化过程是需要以企业家为主体来完成的。这个技术转化阶段不是科学家可以完成的,它需要集技术、信息、人才、资本、市场和开发、研究、经营、销售、管理等多要素之间的互动,方能通过组织开发,实现技术向生产力转化。企业承担的这个转化任务,是一个漫长复杂却充满风险的过程。它受限于技术所具有的隐性特征知识转移,还依赖于相关人际间的沟通与流动的双向性与反复性之间的平衡。检验和判断转移技术的成败,并非只靠一两个先进性指标,它需要在市场适用性、环境友好性、工艺成熟性与产品的消费稳定性及技术寿命,特别是要在技术的市场竞争性和产品的独一无二性等众多因素中,作出比较,进行选择,综合判断,作出科学决策。单从资金投入的角度考察,要是把科技人员从产生创新冲动后开展科学研究、到开发出实验室样品这个阶段比喻为"烧钱"的话,那么,这项技术成果走出实验室,转移到承担转化的主体(企业家)手中,开展商品化量产的整个过程,就是"用钱"的阶段,这是一个大量用钱投入的阶段,要比"烧钱"阶段需要更多的资金投入。这对一个接纳技术,并承担开发商业化的企业家来讲,既需要有丰富的市场知识和胆识,又要有生产与管理经验,更重要的是要有对项目的判断能力和对风险的回避、控制和解决风险的能力。

三、政府通过培育和建设技术市场推进技术转移

开展技术转移工作需要多部门合作,而不是仅由科技部门"单打独斗",这是深化科技体制改革中需要重视和解决的问题。科技人员完成实验室工作后,技术进入市场进行转化,必须遵循市场经济规律,注重全社会多部门、多要素的合作和互动。除了企业主体自身的工作,政府要营造环境就需要培育和加强相关服务市场的建设,为企业的技术转化提供及时的服务。

在我国,技术市场服务机构的培育与建设大致经历了3个阶段。第一阶段是改革开放前,地方的技术转移机构多数被称作技术推广机构,如农业技术推广站、工业技术推广站、技术革新办公室等。后来有了推广节能技术机

构、沼气技术推广站等机构与组织。第二阶段是改革开放后,技术市场的开放和不断成熟,与技术转移机构相似的组织蜂拥而起,如技术开发中心、科技开发公司、科技服务公司等。第三阶段是从20世纪90年代开始,全国办起了区域创新服务中心,国家科委通过学习日本、中国台湾地区等的经验,要求各地兴办生产力促进中心、孵化器、工程技术研究中心等新的机构与组织。

早在20世纪80年代初,杭州市科技局几位科技人员组织建立了"杭州交叉技术应用研究所",为当地的小企业提供了大量自己研究的适用技术成果,开展技术服务。杭州还有一位科技人员戴晓钟创办了"杭州精细化工研究所",为社会提供技术成果的中介和转移服务。武汉创业服务中心建于1987年,是中国大陆最早建立的创业机构。1997年10月西安建立了全国第一个国际孵化器。接着,中国出现了一大批民营科技型服务企业。此外,浙江省建筑总公司副总工程师曹时中创办的为建筑企业提供建筑物纠偏技术服务的技术服务中心,中国科学院物理所研究员陈先春创办的华夏技术服务部等,这些都是我国最早从事技术转移的服务机构。全国这些数以百计的民营服务机构,成为我国进入市场从事技术转移活动喝"头口水"的先行者。

1980年国务院批准在我国建立专利制度;中央在1981年提出科技工作方针和技术要实行有偿转让;1982年国务院领导提出"四个转移"……这些都成为推进中国开展技术转移工作的有力基础。1990年国家实施"科教兴国"战略,在国务院批准的国家科委"星火计划"和"火炬计划"这两个指导性计划的引领下,技术转移工作如火如荼地在全国各地展开。据1999年中国科技发展研究报告显示,1990年一年,我国的高新技术产业的增加值,从1993年的636.4亿元迅速增加到1997年的1 274.2亿元,年均增长率为18.95%。从1991年开始,全国先后建立53个国家级高新技术开发区。据1997年统计,在高新技术开发区内的140多万从业人员中,大专以上学历的占了1/3,其中硕士生2.2万人、博士生2 758人、留学归国人员2 981人。这些人才的集聚为开发区内技术向产业、向区外转移发挥了重要作用,带动了地方经济的增长。与此同时,技术贸易在中国总体贸易中的比重也逐年增加。

据1997年的统计，全国有80多个依托于各行业的工程技术研究中心或工程研究中心，涉及农业、能源、信息通信、材料、轻工纺织、资源开发、制造、建设与环境和医药卫生等许多行业，分别为本行业的企业提供服务；据不完全统计，到1999年全国技术贸易机构达5万多个，从业人员近106万人，科技咨询机构有3462家；据对70多家生产力促进中心的统计，它们为13.4万家企业提供了服务。

第四节 "一带一路"与开拓国外技术市场

在复杂的国际背景下，根据中国改革开放40多年来的经验和人类进入历史新时期的时代背景，考虑国情、民情和国家下一轮发展中的其他众多因素，中国提出了"一带一路"倡议，对推进中国与世界技术市场的融合与发展，具有重大意义。

世界处于后金融危机的时代，中国作为世界经济增长的"火车头"，通过将自身的产能优势、技术与资金优势、经验与模式优势，转化为市场与合作优势，实行全方位开放，组织国内经济社会和科技文化等生产要素资源，通过技术市场，大踏步地走出国境。用建设"一带一路"的理念，推动沿线国家间实现合作与对话，建立更加平等、均衡的新型全球发展伙伴关系，夯实世界经济长期稳定发展的基础，让世界共同分享中国改革发展的红利、吸取中国发展进程中的经验和教训；通过用市场经济之手，组织技术市场为先导的各种生产要素市场的互动，携手共同打造开放、包容、均衡、普惠的区域经济合作架构，实现更大范围、更高水平、更深层次的区域合作。这一倡议，符合国际社会的根本利益，彰显了人类社会的共同理想和美好追求，深得国际社会绝大多数国家和国际友人的拥护与支持。这是运用技术市场和其他社会主义生产要素市场的合力互动，推动国际合作以及全球治理新模式的一项具有创新意义的积极探索，将为世界和平发展增添新的正能量。截至2019年8月，已有136个国家和30个国际组织与中国签署了194份共建"一带一路"合作文件。通过"一带一路"建设，无论是"东出海"还是"西挺进"，都将使中国与周边国家能够形成"五通"。在"一带一路"合作中,经贸合作是基石,技术转移是核心。在遵循和平合作、开放包容、互学互鉴、互利共赢的总框架下,中国初步发育的技术市场将通过与国际技术市场的有机融合,与沿线各国在交通基础设施、贸易与投资、能源合作、区域一体化、人民币国际化等领域,开展共建、共育,实现共创、共享,为构建世界命运共同体,丰富新的技术市场内容,做出新的历史贡献。

一、开展国内外技术合作是提升国际贸易水准的主要形式

有人曾经认为技术市场是我国独有的。其实不然,凡是建立市场经济体制的国家,都会有这种生产要素的市场化活动。从这个意义上讲,技术市场或者说具有技术市场属性的市场机制萌芽,早已在我国出现。改革开放为我国建立市场经济体制奠定了基础,以技术市场为先导的各种与技术转化相关联的生产要素和生产要素市场,必将会在市场经济的体制下运行。我国国际技术贸易的开展,就是技术流动的结果。或者可以说,因货物的流动带来的国外先进技术的进入,本身就是技术市场特有的活动特征和规律。

由于历史原因,中国没有赶上世界前三次工业革命,所以在现代化建设的道路上,相对落后了。因此,自1949年以来,中国的工业化高度依赖国外的技术引进。但是,从20世纪70年代末开始,随着改革开放和技术市场的开放,国家通过贸易和外国直接投资两种方式,实行技术引进战略。据有关资料显示,1978—2002年间,中国在技术引进方面耗费2 257亿美元;2006年一年,技术引进总额达到220.2亿美元,相当于国内研发总投入的57%,其中86.8亿美元用于购买技术许可,42.9亿美元与合资形式的外商直接投资相关。与技术引进相配合的消化吸收,一部分被计入企业的研究开发投入。不过,我国的大中型企业在进口技术的消化吸收方面,投入是很少的,只占销售收入的0.03%—0.04%。

在改革开放初期,也就是国家正式提出大力开拓技术市场的初期,技术转移的情况并不是很好,特别是在国际技术贸易和引进工作方面,受到计划经济体制的限制,能够从事国家贸易和国际进出口贸易的机构,也只是外经

贸部下属的 100 多家国际贸易公司。自从十一届三中全会提出开放技术市场后,特别是强调了"四个转移"问题后,国内技术向国外、国外技术向国内的转移,日趋旺盛,但在引进技术的消化吸收方面仍存在诸多问题。

技术市场的开放为技术转移创造了充分条件,各地轰轰烈烈开展的技术转移活动,为中国的技术市场从小到大的发展,提供了新鲜的空气,增添了养料,极大丰富了技术市场的活动内容。特别是我国实行改革开放之后,国内贸易体制的结构性改革,使中国成千上万的企业开始拥有外贸经营权,全国外贸力量井喷式发展,就像当年农村的家庭联产承包责任制使得中国的农业出现井喷式发展一样。外贸的生产力在我国 2001 年加入世界贸易组织后得到完全释放,中国的技术贸易随着经贸活动的日益繁荣,成为推进我国技术引进的重要渠道。根据有关资料显示,我国在入世之后,放开了外贸经营权,我国每年的外贸出口,差不多以 30% 的速度,连年增长了 10 多年,使我国的外贸,特别是出口有了极大的飞跃。像汽车工业,我国在引进外资的同时,也引进技术,通过市场竞争获得我国汽车产业的快速发展。2001 年入世时,我国的乘用车年生产量只有 7 万辆,到了 2018 年就增加到 2 700 多万辆。首先进入我国市场的国外汽车品牌是德国大众,接着就是美国通用、日本的丰田和其他外资企业。通过市场竞争,引进合资企业,吸引外资企业技术,有的企业甚至是用核心技术参与市场竞争,在满足我国汽车消费需求的同时,也促进了我国汽车产业的发展。其他的领域也是一样。

世界经济社会的发展充分证明,一个国家、一个地区的技术转移水平,同样能反映这个国家、地区的技术市场成熟度,并且是与这个国家、地区市场经济体制的成熟度相关的,成熟的技术市场,也同样是为这个国家、地区的技术转移提供了充分和良好的条件。它们之间的相互依附、相互促进,共同推动这个国家和地区在科学技术与经济社会上的稳健、有序的发展繁荣。

二、"一带一路"倡议是实施中国技术市场国际化,应对国际复杂形势的重要手段

"一带一路"起源于自中国出发,从陆上和海上通向世界的两条历史悠久

的丝绸之路。如今,"一带一路"正在以推动全球再平衡为目标,鼓励西进,向西开放,带动西部开发以及中亚、蒙古等内陆国家和地区的开发。中国率先倡议"一带一路",是主动向西推广中国改革开放40年的优秀成果,并将中国的优质产能和比较优势的产业,通过国内技术市场与国际技术市场的接轨、并轨运行,努力使"一带一路"沿途、沿岸的国家和地区首先获益,努力让中亚等丝绸之路沿途地带也能改变面貌。这一倡议超越了欧洲开创的所谓"全球化"所造成的贫富差距、地区发展不平衡的负面问题,从而推动建立世界性的持久和平、普遍安全、共同繁荣,真正实现和谐世界的目标。"一带一路"强调共商、共建、共享原则,超越了马歇尔计划、对外援助等,给21世纪的国际合作带来了新的理念。"一带一路"致力于亚欧非大陆及附近海洋的互联互通,建立和加强沿线各国互联互通伙伴关系,构建全方位、多层次、复合型的互联互通网络,实现沿线各国多元、自主、平衡、可持续的发展。同时也促进了我国新疆、陕西、甘肃、宁夏、青海、内蒙古等西北六省,黑龙江、吉林、辽宁等东北三省,广西、云南、西藏等西南三省,上海、福建、广东、浙江、海南等五省、直辖市和内陆地区包括重庆等地在内的省市的技术市场得到进一步发展繁荣和经济质量的进一步提升。"一带一路"的互联互通项目,为沿线各国开展广泛的技术转移、技术开发和技术应用的合作,提供了广阔的市场空间和舞台。它将能有力地刺激和促进这些国家技术市场的发育与繁荣,增强当地技术市场在促进经济建设中的活力,运用其他生产要素市场的活力和运动,推动沿线各国发展战略的对接与耦合,发掘区域内市场潜力,促进投资和消费,创造需求和就业,增进沿线各国人民的人文交流与文明互鉴,让各国人民相逢相知、互信互敬,共享和谐、安宁、富裕的生活。

第七章　中国技术市场与指导性科技计划

中国提出改革开放之后，旧的计划经济体制面临改革，取而代之的是符合市场经济需要、富有生机和活力的新的管理体制与经济运行机制。为落实中央《关于科学技术体制改革的决定》，经党中央、国务院批准，"星火计划"和"火炬计划"两个以市场为导向、遵循科学技术规律和市场经济规律的指导性科技计划，分别在1986年和1988年在全国全面组织实施。

"星火计划"是国家以"依靠科学技术促进农村经济发展"为宗旨的一项重大指导性科技开发计划。作为我国科技计划体制改革的一次尝试，它扬帆起锚，冲破计划经济的窠臼，取得了举世瞩目的成绩。"星火计划"通过把先进适用的技术引向农村，引导亿万农民依靠科技发展农村经济，促进农村的科技进步，提高农村劳动生产率，推动和实现农业、农村经济的持续、快速、健康发展。"星火计划"也成为我国实施"科教兴国"战略和"科教兴农"战略的一项重大举措。

在全国广泛实施"星火计划"的基础上，国家针对高新技术产业在国民经济和社会发展中的基础性与战略性需要，在1986年启动实施"863计划"，1988年党中央、国务院又批准实施了以市场为导向的"火炬计划"。"火炬计划"以发挥我国科技力量的优势和潜力，促进高新技术成果商品化，促进高新技术商品产业化，促进高新技术产业国际化为宗旨，促进国民经济结构优化调整，提升改造传统产业，引导科技人员创新、创业，走有中国特色的高新技术产业发展道路，加速推进高新技术成果向现实生产力的转化。

"火炬计划"与"星火计划"和其他指导性计划一样,在国家经济体制从计划为主向市场为主转变的重要历史时期,成为落实国家关于"经济建设必须依靠科学技术,科学技术工作必须面向经济建设"重大方针的战略性的长远计划,是我国国民经济计划的重要组成部分。

20 世纪 80 年代,"星火计划"和"火炬计划"先后推出,一个是把现代科学技术撒向农村,以振兴整个农村经济为目的的指导性计划,另一个是以发展高新技术和用高新技术改造传统产业,实现高新技术商品化、产业化、国际化为己任,以国民经济的迅猛发展为目标的指导性计划。这两个计划在我国的成功实施,对丰富当时技术市场的活动内容,扩大技术市场在中国和世界上的影响力,提高广大民众对技术市场功能的认知度和信心,形成人们对商品经济和市场经济条件下的生产要素市场的共识,在理论上提供了支撑,在实践中树立了样板,为中国技术市场的快速形成与成熟,乃至让市场经济体制能够在中国建立,打下了牢固的思想基础和实践基础。

第一节 "星火计划"出台的背景

随着农村经济体制改革的实践和农业生产力的发展,我国的 8 亿农民除了种田以外,大量的剩余劳动力往何处去?中央认为,农村商品经济的发展,可以使农村日益繁荣、全面发展,走出中国人自己的路子。我们不能走资本主义让农民破产后涌入城市的道路。这就必须发展乡镇企业,中小企业可以使农民"离土不离乡,进厂不进城"。广大农村有极丰富的山林水土资源可以利用,农、林、牧、副、渔产品深度加工综合利用大有可为。乡镇企业规模小,专业性强,容易采用先进技术,可以加速科技成果的商品化,可以实现"小工厂、大生产(指大量生产)、高效益"。乡镇企业规模小、灵活,"船小好调头",便于适应市场需求,特别便于发展生产、生活迫切需要的丰富多彩的小商品,重要的是通过"集百家之资,办百家企业",把分散在农民手中的钱利用起来,由消费型转变为生产投资型。在这种思想影响下,一些农村周围出现了星星点点的小企业,出现了许多以中小企业为主要经济支柱的小城镇。①

但是,乡镇企业的发展,也存在迫切需要解决的问题,比如,企业布局和产品方向规划、市场信息、原材料和能源消耗、产品质量、技术装备和技术力量、环境污染与科学管理等方面的问题。这些问题的出现归根结底是缺少人才、缺少技术。这正是技术市场工作要为经济建设主战场提供技术、人才服务所必须解决的。技术市场通过政策措施,激励科技人才和研究机构进入经济建设主战场,通过出台相关市场活动规则和科技法律,使人才和技术在符合商品经济与市场经济规律的跑道上运行,为"星火计划"的实施提供了有力保障。

1985年8月16日,国务院办公厅转发了国家科委《关于抓一批"短、平、快"科技项目,促进地方经济振兴请示》的文件。1986年,中共中央、国务院以中发1986年1号文件形式下发了《一九八六年关于农村工作的部署》;1987年,又下发了中发1987年5号文件《把农村改革引向深入》。一时间,农民兄弟沸腾了,农业科技人员沸腾了,整个中国农村沸腾了。全国农村在脱贫致富目标的号召下,乡镇工业获得了惊人的发展。

1986—1996年的10年间,是中国实施"星火计划"最为风光的时期,也是中国技术市场从无到有、从小到大,发展蒸蒸日上的时期。中国技术市场与"星火计划",同步推进,并肩前行,相互促进。技术市场的出现为实施"星火计划"铺平了道路,"星火计划"的成功实施,为技术市场迅速在全国崛起,奠定了扎实的舆论基础和实践基础。在依靠科学技术促进中国农村经济的快速发展,产生了重大影响,一度成为我国技术市场发育和发展的重要典范。在那个年代,科技人员走到哪里,哪里就有"星火计划"的身影;乡镇企业家把厂办到哪里,哪里就会有"星火计划"的丰硕成果问世。例如,浙江的萧山万向节厂的鲁冠球、嘉兴海盐衬衫总厂的步鑫生、杭州民生药厂的冯根生、绍兴上虞风机厂的徐灿根、椒江海门制药厂的白晔和杭州娃哈哈厂的宗庆后等,他们都是在"星火计划"这个时期起步、发迹和发展起来的。

---

① 参见中国星火计划大全编委会.中国"星火计划"大全 1985—1995[M].北京:中国科学技术出版社,1996:85—86.

第二节　技术市场队伍中的生力军

技术市场的任务是依托技术创新,组织生产要素资源,开展技术转移,推进科技成果的转化。"星火计划"工作者,包括技术开发者、管理者等,他们都是技术成果转化的重要成员。除此之外,"火炬计划"的工作者及其他从事科技成果转化的人员也为技术市场活动增添了活力。因此,"星火计划"和"火炬计划"的工作者们共同构成了技术市场队伍中一支重要的生力军。

中国要实现现代化,道路漫长,任务繁重,其中队伍建设是关键。从长远看,农村经济最终也必须向工业化商品生产的模式转变,即向企业化的方向转变。培养和造就一大批有知识、有胆略、有才干、有创业精神的企业家和事业家,是"星火计划"和"火炬计划"两大指导性计划的重要目标。

农村经济要走工业化的道路,除了政策方面的因素以外,还必须具备3个方面的条件:一是人才,二是资金,三是技术装备。根据近代经济学的基本原理,资金是由劳动生产率低的地方向劳动生产率高的地方流动,向技术高和经营好的企业家们的手上集中。这在全世界是普遍规律,是任何一个国家走向现代化的必由之路。因此,我们需要成千上万的企业家和与技术推广相关的其他人员,包括实施"星火计划"和"火炬计划"的工作者。就这个问题,国务委员、原国家科委主任宋健在1986年11月于成都召开的全国第二次"星火计划"工作会议上发表了重要讲话:"只有在企业家的领导下,才能实现技术进步和资金积累这两个要素的统一,我们今天的情况比200年前的英国、150年前的德国、美国,100年前的日本的情况要好得多,30年来,我们已经有了一个相当雄厚的工业基础和科学技术基础,有1 600万科技人才。特别是,我们在农村有1.2万初高中毕业的知识青年,这是一支了不起的力量。只要我们善于引导,使他们明白所担负的伟大历史使命和社会责任,树立一定能取得成功的信念和信心,为他们的成长和发展创造良好的环境,就会有成千上万的有才干、有勇气的人站出来和成长起来,成为带领农村人民向现代化建设前进的中流砥柱,成为领导潮流的英雄。"

当时国家科委负责主抓"星火计划"的杨浚主任,在一次工作会上总结运用技术市场机制推进"星火计划"的快速发展并获得成功的经验时说,"星火计划"工作者冲破多年以来的僵化体制,打碎了在小农经济中形成的习惯思想和价值观念,在科技为农村经济、为地方经济服务方面,获得了3点经验。

第一,要学会运用价值规律、经济杠杆来实施"星火计划"。技术可以作为商品到市场中流通,但特殊商品就要按特殊商品的规律和要求去交易。要是我们的观念依然停留在过去那种否定商品经济,要求无偿使用技术的老框框里,就不会真正重视科技,不会真正发挥技术的作用,就会受到价值规律的惩罚。要使技术以商品形式进入市场,多次传播、多次推广和交流,辐射产生出比它本身价值高得多的价值,这就需要技术市场提供更为宽松、灵活、优厚的特殊政策。

第二,"星火计划"提高经济效益要靠技术进步。实施"星火计划",要追求利益,要多为乡镇企业、小企业谋利和为广大农民谋利,也要为科技人员、科研单位谋利,富民又利国,有利于地方经济的发展。这个谋利就得依靠技术进步。面对竞争中出现的成本上升、利润减少、亏损增加的趋势,就要一靠政策、二靠科学技术去解决。"星火计划"工作者必须设法组织科技资源,为农村、地方经济振兴提供服务,在安排"星火计划"项目时,要注重调查研究,注重辅导引导,注重选优,不能搞"小土群"。

第三,"星火计划"要不断增强自我发展的能力。我国80%的人口在农村,农业经济和地方经济需要发展,"星火计划"的重要任务就是要依靠广大人民群众,依靠千军万马的力量,帮助农村发展经济。中央早在1985年5月《关于科学技术体制改革的决定》中就指出,通过对科研机构的改革,加大农村技术开发的后劲,鼓励研究机构中的科技人员下乡、下厂,发挥他们在技术转移和转化中的作用。通过市场机制获得资金积累的能力、保持技术后劲的能力和吸引与培养人才的能力。一面多方集资,一面利用政府引导、政策扶持激励,解决适用技术向农村转移的问题,在人才、资金和技术这3个问题上提升能力和水平,实现适用技术向生产力的转化。

全国以"星火计划"为龙头,率先把科技知识和适用技术送到农村,送到了农民手里。"丰收计划""燎原计划"等市场导向性计划,也从各自不同渠道组织实施,实实在在地提高了中国农村的生产效益。宋健在纪念"星火计划"10周年的《历史的重任》一文中指出:中国在1985—1995年的10年时间里,"星火计划"共培训农村实用技术人才3 600万人,参与"星火计划""丰收计划""燎原计划"及"菜篮子工程"科技兴农计划的科技管理人员形成了百万大军。亿万农民的科技意识与学科学、用科学的能力迅速增强。全社会尊重知识、尊重科学、尊重人才的风尚逐步形成。广大科技人员提高了为经济建设服务的能力,创造了与人民群众相结合的全新经验,从人民收入的提高、生活水平的改善中得到了最高的慰藉和奖赏。"星火计划"的成功还在于培育和锻炼了一大批从事技术传播和服务的技术市场工作者,他们向农村大规模地传送农产品加工、资源利用等新技术,开辟了农村经济发展的广阔道路,推动了乡镇企业的发展和科技水平的提高,充分显示了"科学技术是第一生产力"的巨大作用。

第三节 "星火计划"工作从"短平快"走向"高群外"

"星火计划"从1985年开始实施,业绩举世瞩目,备受国内外赞赏。联合国的官员在称赞"星火计划"时说,20世纪60年代以来,各发展中国家开展多种类型的计划,均未成功,唯独中国找到了一条创新的路子,把恩惠撒向农村。"星火计划"的实施,提高了中国农村的技术进步水平和全要素生产率,对整个经济局面的提升起到了关键作用,也证实了国务院当时在批准国家科委这个计划时的"预言":"这是一件既有现实意义,又有长远利益的事业,应当作为一项基本政策,长期坚持下去,必有意想不到的效果"。其实,这个意想不到的效果,早已超越了当时人们的预期。1990年,"星火计划"实施工作提出了从"短平快"向"高群外"发展的思路,为"星火计划"赋予了新的内涵。"星火计划"提出了要"提高技术含量和技术应用层次与管理水平";要"通过发展星火集团,形成群体,上规模、上效益";要"瞄准国内、国外两个市场,带领中国乡镇企业走出国门,到国际市场参与竞争,为国家创汇"。这是农村经济发展的需要,也是乡镇企业依靠科学技术提升企业水平的客观要求。

从那时起,国家科委开始多次组织全国的乡镇企业和研究机构走出国门,推进星火技术走向国际市场。参加1989年的布鲁塞尔尤里卡世界发明博览会,是"星火"产品进入国际市场的首次尝试。同年3月,国家科委与中国科学院联合在新加坡莱佛士城举办中国科技适用成果展览会,这是当时我国单独举办的规模最大的综合科技展览会,全国20多个省市和十几个部委的科研单位、企业参加了这次境外活动,成交金额6 100万美元。1990年年底,中国星火科技成果展览会在泰国曼谷举行,4天成交合同金额408万美元,为中泰科技与经济合作交流谱写了辉煌的一页。1992年年初,中国科技成果及实用技术展览会在印度尼西亚首都雅加达举办。可见,从我国民营企业的升级过程考察,"短平快"转向"高群外",是时代赋予的机会,是"星火计划"工作在中国正式建立市场经济体制前夕的一种技术市场活动,这是偶然与必然结合的产物。

中国民营企业从1978年开始到1985年由个体手工业进入制造业,经历了升级换代非常困难的转型期。当时中国的民营企业,资金少、技术门槛低,只能依靠地方资源和劳动力优势,立足于国有经济不愿进、不便进入的边缘行业,如传统手工技术为依托的家庭作坊、零星修理,以经营能力为依托的餐饮业、服务业和小型商贸等。在经济短缺和卖方市场的拉动下,中国民营企业渐渐地转入价格相对更高的工业制造领域。根据国家工商总局1987年对全国8.5万户民营企业的调查,从事工业的有6.1万家,雇工98.2万人,分别占总数的72.8%和72.3%;建筑修缮业8 000家,雇工20万人,分别占总数的9.4%和14.7%;其余的为交通运输业、商业、餐饮业和修理业。这一时期,民营企业的80%集中在工业、手工业和建筑业,从事第三产业的不足15%。虽然短短几年中国民营企业便实现了产品与产业分布的第一次转换,但是绝大多数民营企业属于初创,缺乏向技术密集型产业转移的实力,多数处于价值链和产业链的低端,在技术上采取拿来主义,没有品牌意识,阻碍了民营企业在技术、产品与产业上的升级。

从1996年开始,制造业和基础产业领域实施产业深化。据全国工商联1995年第二次私营企业抽样调查的数据显示,1995年营业额在1 000万元或以上的民营企业的行业分布依次是电力煤气、农林牧渔、制造业、建筑业、房地产业等;据2000年中国第四次私营企业抽样调查数据显示,1999年实有资产在1 000万元及以上的民营企业的行业分布依次为传统制造业、商业、房地产业、建筑业等。进入2000年以后,实有资产在1 000万元规模以上的民营企业的产业分布变化很大。若将2006年的状况与2003年作一简单对比,2003年上规模民营企业产业分布前4个行业依次为服装、鞋帽、皮革制造业,批发和零售业,黑色、有色金属冶炼及延压业,电气机械及器材、线缆制造业;到2006年,则变为黑色、有色金属冶炼及延压业,批发和零售业,电气机械及器材、线缆制造业,化学原料及化学制品制造业。2007年,民营企业的产业分布继续沿着上述产业演化路径进行。到2011年后,随着民营企业经济实力的增强,其产业演化路径不断向制造业集中,技术和产业分布发生了深刻的变化。

许多民营企业通过增加研发投入、树立产品品牌,向"微笑曲线"的两端提升。2006年,中国社会科学院民营经济研究中心对北京、重庆、辽宁、浙江、广东、云南、河北、吉林、江苏和湖北等10个省、市822家民营企业进行抽样调查。在767家有效样本中,有378家实施了原始性技术创新,占样本总数的49%;有299家企业实施了引进、模仿、再创新,占样本总数的39%;有65家企业则选择集成创新,占样本总数的8%。在创新投入的推动下,1995年以后,民营企业的专利申请量逐年攀升。根据全国工商联对23 735家民营企业的调查,1994年以前,民营企业各年提交的专利申请均突破800件,1995年达到1 600件,1995—2005年,民营企业专利申请量年均增幅高达30%以上。其中大型民营企业平均每家提交22件专利申请,中小型企业为5件,规模以下企业只提交3件;在行业方面,制造业中的民营企业提出专利申请的占到88%,其次为信息传输、计算机服务和软件,科学研究、技术服务和地质勘察,建筑业。一些大中型民营企业在不断加大创新与科技投入的同时,也逐渐意识到品牌塑造的重要性。一部分优势企业通过加大研发投入,走上了技术升级的"快车道"。资料显示,到2004年年底,经国家工商总局批准认证的中国驰名商标中,民营企业获得的认证量超过了认证总量的30%。在商务部2005—2006年度重点培育和发展的出口名牌产品认定中,民营企业获得的认证量占到认证总量的 35%。2001—2005 年,经国家质检总局授权批准认证的 5 批 1 018 家中国名牌产品中,属于民营企业的共 480 家,占认证总量的 47%。

在一些大型民营企业逐步成为龙头企业的同时,大多数中小型民营企业,尤其是那些与龙头大企业同处于一个产业集群中的中小企业则面临两条道路的选择,有些成为大企业的分包商,被纳入整个产业链之中,那些难以进入产业链的中小型民营企业,则主动或被动地进入第三产业。民营企业在这个时期加快了升级步伐,但升级更多地还是发生在一些大型民营企业之中,而且基本上是在现有产业的范围内,通过原有产业链的延伸实现的。

到 2012 年后,我国民营企业大踏步地向高科技领域进发,进入了民营企业升级换代的第二阶段。2012 年是中国经济从追求数量型扩张向追求高质量发展的转折点,在这个大背景下,民营企业开始全面走向高质量发展的新阶段,主要有以下几点特征。

一是从低端向高端升级。企业从价值链的低端向高端升级,不断提高产品利润率和增强市场话语权。以深圳市为例,截至 2012 年上半年,该市有国家级高新技术企业 2 113 家,仅 2011 年就新增 821 家;企业技术中心从 2008 年的 79 家增加到 141 家,其中国家级企业技术中心从 11 家增加到 16 家;加工贸易企业设立各类研发机构 1 500 多家,比 2008 年增加了 270 家,研发人员 8.9 万人,比 2008 年增加了 2.5 万人。2011 年,深圳全市加工贸易高新技术产品出口 835.9 亿美元,比 2008 年增加 38.5%,占加工贸易出口总额的 60.3%,比 2008 年提高 5.3%。加工贸易出口产品中,机电产品比重从 2008 年的 84.6% 提高到 2011 年的 89.5%,而传统产业比重则从 15.4% 下降到 10.5%。与深圳市的情况相同,全国各地不少加工贸易企业已从原来单纯的加工装配,逐步向研发、设计、制造关键零部件的环节延伸。

二是从传统产业向新兴产业升级。广大民营企业紧跟科技革命和产业升级的步伐,增加在新兴产业领域的投资。一批以数字经济、智能制造、"互联网+"为特征的高科技企业如雨后春笋般出现了。以阿里巴巴、腾讯、京东为代表的电商平台企业,与大数据、云计算、自动化、无人机等相关的智能化新兴产业领域,以共享经济为特征的如共享交通业等,以及新能源汽车、生物医药等环保产业,都有大批民营企业的身影。

三是从单纯制造向生产服务升级。许多民营企业开始从单纯的制造环节迈入生产性服务业、新兴服务业等领域,加速了生产性服务环节从制造业中的剥离。与此同时,传统服务业与现代技术的融合发展不断加快,从事服务外包、商务会展、现代物流、信息咨询、评估认证等新兴服务业的民营企业,近年来也呈现出加速发展的态势。根据全国工商联公布的民营企业500强的数据显示,第三产业入围企业数量连续5年增加,2012年为117家,2017年增加到162家,年均增幅达到38.46%;而第二产业入围企业数量则连续5年下降,2012年为380家,2017年减少到333家。第三产业资产总额超第一、二产业资产总额之和,占比为58.68%。

四是从代工向自主设计、自主品牌升级。塑造自己的品牌是实现技术和产业升级的必然过程与重要标志。近年来,中国民营企业在塑造品牌、实施品牌战略方面取得了很大进步。以阿里巴巴、腾讯、华为、小米、海尔、联想等一大批知名品牌为代表,标志着中国民营企业已经走向了更高的发展阶段。再以深圳市来料加工企业升级为例,截至2012年上半年,深圳市约有1 713家来料加工企业实现了升级,占全部来料加工企业总数的45%。许多OEM企业加速向ODM和OBM升级。2012年上半年,ODM和OBM混合生产模式的产品出口比重达到56%,比2008年提高26%。由此可见,在国家提出的品牌战略的鼓励下,近年来越来越多的民营企业开始注重自身产品的品牌塑造。当然,当下民营企业的升级换代也绝非易事,一方面,一些中小型民营企业习惯于过去的业务模式,对新模式并不了解,一些企业家思维陈旧、目光短浅,对升级不认识、不感兴趣,限制了它的发展;另一方面,一些新兴产业的技术尚在形成过程中,产业及市场具有不确定性,一些企业家不愿也不敢冒险进入,在一定程度上也制约了民营企业的升级进度。

总之,"星火计划"的实施和从"短平快"向"高群外"发展的战略决策的提出,以及后来的"火炬计划"等市场导向性计划的出台与实施,是新时期中国民营企业出现大规模升级的一个重要原因。

第四节　指导性科技计划的特征与作用

"星火计划"作为国家以"依靠科学技术促进农村经济发展"为宗旨的一项重大的指导性科技开发计划，属于我国科学技术计划体制改革的一项具有深刻意义的举措。它从中国国情出发，走依靠科技进步推动经济、社会、生态环境协调发展的道路，是一个具有中国特色、旨在振兴农村经济的综合性开发计划。它具有以下3个明显特征。

一是根植于商品经济，继而发展成顺应市场经济发展规律和需要的一项重要的科技指导性开发计划。"星火计划"的出台，正值我国技术市场提出"放开、搞活、扶植、引导"的工作方针之际，中央对科技体制改革的决定出台不久，"星火计划"利用政府推动优势，获得技术市场的支持，从而让这个与市场相结合的科技指导性开发计划如鱼得水。

二是以市场为导向和根据用户需求，按技术转化规律和市场规律形成的一项市场与计划相结合的指导性计划。"星火计划"冲破了计划经济时期科技计划指令性传统，它作为政府引导、市场运行的一项市场化科技计划，95%以上的资金由农民、企业自筹或者来自银行贷款，国家出少量资金进行引导。政府的职责是帮助选择项目、认证可行性、开展科研与生产双方合作时的协调与服务，特别在技术提供和人才培训、信息提供及管理上给予及时支持与政策安排。省级以下政府科技部门的人员深入农村一线，跑工厂、跑研究单位，面对面地扶持农民，帮助他们掌握技术、开发产品，使他们成为"星火计划"项目实施的主人。各地出现了许多依靠市场推动和实施"星火计划"的科技管理工作者，全国上下形成了一支庞大的星火工作者队伍。他们与科技人员、企业家和依靠农业适用技术开发新品种、新产品的农户打成一片。

三是以适用技术开道，从"短平快"入手，逐渐向"高群外"发展的一项深谋远虑的发展战略。1990年在全国"星火计划"大会上，原浙江省科委主任陈传群提出了"'星火计划'要从'短平快'走向'高群外'"这个导向性的观点，得到时任国务委员宋健的充分肯定，并将其迅速向全国推广，"星火计划"推动国家经济向更高更好的方向发展。

根据党中央、国务院重视对高新技术产业在经济和社会发展中的基础性和战略性地位的需要,1988年党中央、国务院批准实施了"火炬计划"。同年5月国务院批准《北京市新技术产业开发试验区暂行条例》,北京新技术产业开发试验区正式成立。1991年3月国务院批准设立首批26个国家高新技术产业开发区。1992年11月,国务院又批准设立第二批25个国家高新技术产业开发区。1997年7月,国务院批准设立杨凌农业高新技术产业示范区。两年后的1999年8月,中共中央、国务院召开全国技术创新大会,并做出《中共中央、国务院关于加强技术创新,发展高科技,实现产业化的决定》。1988年之后,国家科委结合中央领导讲话和国家整体发展需要,结合各地兴建的高新技术园区、孵化器等措施的启动和落实,出台了一系列与"火炬计划"实施相配套的政策,千百万科技人员响应党和国家的号召,积极投身经济建设主战场,努力攀登高新技术战略制高点,一大批高新技术企业和优秀人才脱颖而出,到20世纪90年代末,我国的高新技术产业进入前所未有的快速发展时期。

"火炬计划"在中国的实施具有3个明显特征。

一是计划实施与发展高新技术产业、培养新兴产业及用高新技术改造传统产业"三结合",关键是通过出台大量的市场激励与技术市场的鼓励政策措施,实现了发展高新技术与用高新技术改造传统产业"两个轮子"一起转。

二是计划有效实施与营造良好的市场环境、营造高新技术企业发展的政策环境和高新技术的产业化基础建设环境"三结合",关键在于技术市场与人才市场的发育、发展与互动,使高端人才队伍资源得到有效集聚。

三是开展高新技术的产业化工作与经济社会发展、国家的中长期科学和技术发展规划及市场"三结合",关键是按照市场经济规律办事,与市场紧密结合。

归根结底,是要通过"三个引导""一个凝聚","实现一个目标"。即在大力开拓和开放技术市场的环境中,引导科技第一生产力面向经济建设主战场,走中国特色的高新技术产业化之路;引导科技体制、经济体制、金融体制改革的有机结合,大胆探索,成功实践;引导企业面向市场,持续进行科技创新，促进经济结构优化升级。凝聚、团结广大科技人员、留学回国人员创新创业，发挥各部门、地方的积极性，集成科技创新资源，促进高新技术产业化发展进入历史新阶段。

综上所述，我国科学技术领域按照市场经济规律，实行科技计划体制改革，设计推出了两个指导性计划。实践证明，这对推进国家经济发展和科技进步，对解决科技与经济的结合问题，成效是明显的。它们的共同特征是忠实执行了党中央、国务院关于"面向、依靠"的工作总方针，依托中国首先开放的技术市场，坚定不移地走市场之路，把科学技术与经济建设的工作紧紧地捆在一起，为中国经济进入21世纪的迅猛发展，奠定了极为重要和关键的基础。

所以说，无论是1986年实施的"星火计划"，还是1988年批准实施的"火炬计划"，都是在中国实行了改革开放，但还尚未决定建立社会主义市场经济体制的这个时期的以市场为导向的科技指导性计划，其成功实施完全得益于当时已经开放的中国技术市场，得益于把技术市场作为科技体制改革突破口的伟大决定。"星火计划""火炬计划"从各个不同侧面，证明了技术市场在中国这块土地上的力量和作用。因此，提炼这两个指导性科技计划的成功经验及其在使中国社会由弱变强、从站起来到富起来过程中所起的重要作用，是一件非常有意义的事情，必将载入中国科技和国民经济发展的史册。

第八章 技术转化与生产要素的作用

技术之所以能够实现转化,其根本原因在于借助技术转化中的各种生产要素,在技术转移进程中进行科学合理的配置和自觉的有序互动。生产要素是保障技术成功转移和转化的重要资源,在开展技术转移和促进技术成果转化过程中,优化配置生产要素是技术市场活动的重点和难点。

技术成果转化难,这在一定程度上是由于生产要素资源的组织与配置不当,不足以保障和促进技术转移及转化活动的顺利进行导致的,或者说,是人们在推进技术转移的工作中,对生产要素资源的配置不当导致的。说到底是对生产要素的运动规律缺乏研究和驾驭的能力。实践证明,凡在技术转化进程中,对生产要素资源配置时机得当、要素分工得当、资源匹配得当、投入规模得当、运作方法得当、采取的措施得当、多方合作得当、转化的主体管理得当,就能起到事半功倍的效果。建立技术转化必不可少的要素资源介入机制,充分发挥各自功能并进行有效运动,是培育和建设健康规范的技术市场、合理配置生产要素资源的重要基础。其中包括对科技服务资源的配置。

在市场经济体制下,市场在资源配置中起着主导作用,技术市场的活动将成为促进技术向生产力转化的有效手段。研究认为,技术项目一旦进入转移,各种与技术转化相关的生产要素将会在技术要素的引领下,参与互动、融合。中国技术市场在引导和组织各种生产要素为技术转化进行配置与互动时,除了遵循市场经济规律外,发挥政府的作用至关重要。在研究与考察中发现,技术在转移和转化进程的不同阶段,表现出技术在向产品生产演变过程中的不同形态,其上下游之间的链式关系,对各种生产要素的需求具有相对应的客观规律性。因此,在各种生产要素在不同阶段的互动中,需要政府更好地发挥作用。

技术在实现产业化的过程中面临诸多阻碍,生产要素的配置很关键,市场要素与服务要素配置也同样重要。这些要素配置的合理性、适度性、适时性和科学性,是技术转化得以实现的关键,也是技术转化工作的重点和难点。这些要素主要包括人才要素、资本要素、市场要素和服务要素等。

第一节 对技术转化过程的理解

按照国际上的通常表述,"技术转移就是研究成果的商业化",商业化是将创意或发明带入市场变成生产力、变成产业化的活动与行为。从理论上考察,"技术转移"与"研究成果商业化"是在相同意义上的使用[见 1945 年万尼瓦尔·布什(Vannevar Bush)的报告《科学——没有止境的前沿》]。这里的"商业化"可以理解为实现了转化、产业化。研究认为,商业化过程与创新过程同义,人们的创新过程就是从创意到创新的过程,其中包括创意产生、研究、产品开发、产品进入市场以及出售新产品和服务。

在技术转移过程中,基础科学被发现和利用,适当的市场被确定,制造方法被开发,概念和产品从不公平模仿中被保护,融资工作将完成。成功的技术转移,将包容大量的科学、工程、法律和营销等有大量专家参与的工作。从时间上看,可能会需要十年、几十年,甚至更长的时间周期。从技术转移的垂直视角考察,它是一个从基础研究到应用研究、从应用研究到开发、从开发到生产的接力传输过程,其中包含技术创新从 R&D 组织到接受转化、承担转化的企业的移动。这种技术创新只有当其商业化在市场上完成了产品生产和销售时,它才被完全转移了。这时的"技术转移"就成了转化,因为它实现了转化的目标。

Vijay K. Jolly 在其著作《新技术的商业化:从创意到市场》中阐述了"商业化过程模型"。Jolly 模型的技术商业化过程包括 5 个子过程和 4 个过程间的"桥梁",如图 8-1 所示。

(1) 构想阶段。构想某个新技术的创意。活动的焦点是产生"原理的证明",即在实验室装置上对技术的关键部分进行证实,并开发有关的商业案

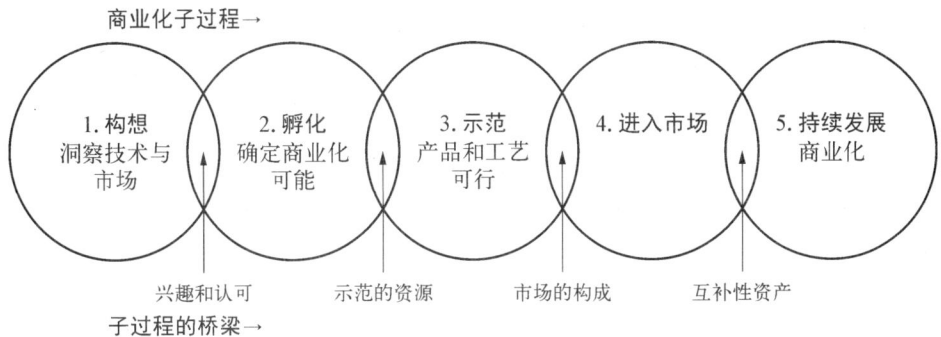

图 8-1　技术商业化过程示意图

例。这一阶段的主要目的是吸引进入下一阶段所必需的资源。

（2）孵化阶段。确定新技术创意的商业潜力。本阶段以下列活动为特征：确定技术的和产品的性能规格，确认在该性能规格背景下的技术能力，并进一步确认市场和有关的商业概念或商业计划。本阶段常被认为是"死亡谷"或"达尔文海"，因为技术在转移过程中的障碍频频出现。更具挑战的是资源的获取。由于技术的和市场的不确定性，本阶段继续包含巨大的商业风险。

（3）示范阶段。孵化的技术通过开发成为未来市场进行示范的产品或工艺。活动聚焦于产品的开发和市场接受。在技术一侧，其特点是工作原型、商业规范的履行，以及在一定的成本和质量下的可制造性。在市场一侧，产生顾客将购买该产品的证据。

（4）进入市场阶段。将示范产品或服务移入市场，使顾客接受。在本阶段，活动与继续进行的商务有关，即生产、服务、配送、销售和经营。

（5）持续发展阶段。本阶段执行某个综合的商业计划，以增加市场份额及总收入和利润，并且进一步开发产品以满足变化的市场需求。

总之，技术转化，无论如何必须经历"新科学的发现，科学到技术的转移，以及技术到产品的转化"3 个阶段。

技术转移的成功，即实现商业化、产业化的过程，包括市场评估、产品设计、制造工程、知识产权管理、营销策略开发、资本筹集以及工人培训等方面的内容。这个过程成本高、时间长，转移进程的结果具有很高的不确定性。研究表明，技术转化的成本，可以是新技术开发和示范成本的 10 倍，乃至

100倍,且成功的只是少数。新技术能够转化成功,实现商业化、产业化的不到5%。大学研究机构的成果走到产业化的终点,平均一般要超过6年;假如是突破性的新技术,可能要超过10年。

美国兰德公司在2002年组织过一次关于技术转移的论坛,它将技术转移的过程分为联邦政府投资、研究开发、知识产权、技术原型、产品和商业化6个阶段,整个过程就是一个完整的从技术创新到技术转化的过程。确切地说,技术转移发生在创新过程,它是从初始的创意到最终形成和生产出批量产品的各个阶段。美国商务部曾在报告中说,"创新技术的成功开发和商业化是一个困难的、多方面的努力行动,存在多种开发工具去促进这种活动"。显然,直接促进成功创新的最普遍的方法,就是技术转移和商业化、产业化。否则,只创新而不能转化,创新的动机便失去了意义。

第二节　技术在转移中的基本特征

技术在转移中的风险特征主要有"创新漏斗"、"死亡谷"和"达尔文海"、"死亡谷"和"达尔文海"的双重壁垒3种,它们之间虽相互区别,但也相互联系,研究技术商业化过程中必须高度关注这三者的内容,以便更好地掌握和驾驭技术向产业化转移、转化的运动规律,使技术转移、转化工作得到实现。

第一,"创新漏斗"。技术成果从创新到问世,经历了"垂直转移"过程,又要开始"水平转移",人们常说的"创新漏斗"现象就发生在这个时期。这是科技人员"烧钱"的一个阶段。技术还没向市场转移,风险就已经存在,成功率之低下,说不定花出去的钱全都打了水漂,让人不寒而栗。如图8-2所示。

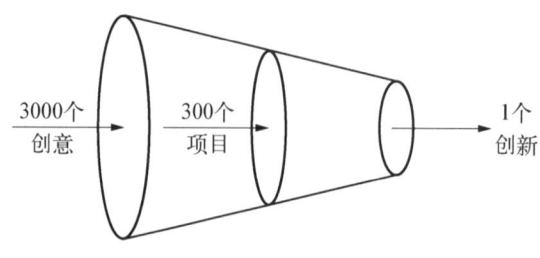

图8-2　"创新漏斗"示意图

美国学者 Greg A. Stevens 和 James Burley 在 1997 年的文章《3 000 个创意=1 个商业成功》中公开了一项调查结果,提出了所谓"通用的工业创新的成功曲线"。他们通过对项目文献、专利文献和经验、风险资本家的经验 3 个信息来源进行调查,发现这 3 个信息来源具有非常显著的相似性。"成功曲线"如图 8-3 所示。

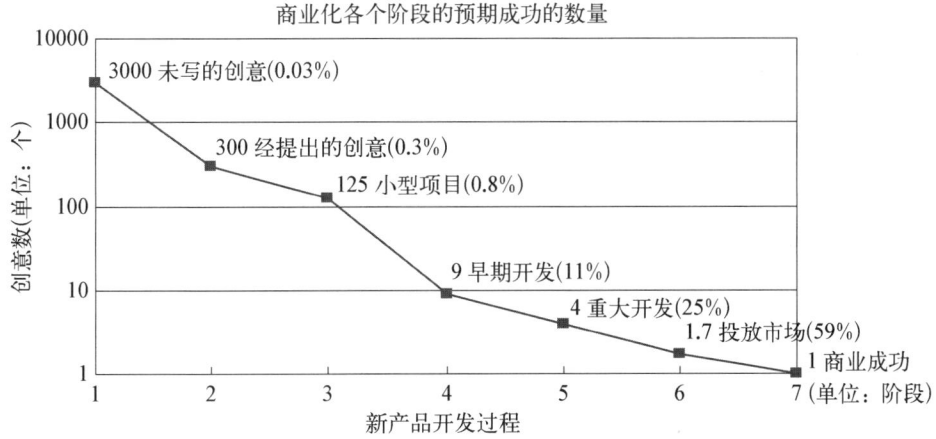

图 8-3 创新商业化各阶段的"成功曲线"示意图

研究发现,要覆盖整个工业,典型的需要 3 000 个原始创意,才能产生 1 个商业上成功的新产品。从 3 000 个原始创意中,公司鉴别出 300 个对其自愿采取最小的行动,如进行少量的实验或者与管理层进行讨论。从中筛选的 300 个创意中,有 125 个将进入小型项目阶段,这些项目具有产生研究成果或成为专利的可能性。其中 9 个将发展为早期开发重要项目,4 个可进入下一阶段的重大开发。不到一半的重大开发项目(1.7 个)会达到进入市场的阶段。最终进入市场的只有 59% 会给公司提供经济利润,即 3 000 个创意中只有 1 个成功者。

根据北京技术市场办资料显示,2006 年整个北京地区有规模的研究机构达 2 000 多家(政府与大学办的 700 多家、民办的 200 多家、外资研发机构 200 多家。中科院在北京有 40 多家研究所,覆盖光学、能源、交通、化工、遥感、生物、电子等领域),积累了大量的科研成果,但许多不能市场化。北京的高校和科研所每年获得政府经费近 40 亿元,经当地技术合同认定登记机构办理过登记的技术合同成交额不到 6 亿元。研究型企事业单位科技经费投入达到 30 亿元,而进入市场交易的技术合同成交额只有几亿元。有资料表明,2004 年北京在京的研究单位共有 14 314 个项目,跟企业合作的仅 507 项,不到 4%;已经转制的院所也有 3 000 多个项目,但能跟企业合作的只占 17%。这就是"创新漏斗"现象,也说明"死亡谷"中已经埋没了 90% 以上的成果。

第二,"死亡谷"和"达尔文海"。在全球业界,从科技研发到企业初建被形象地比喻成"死亡谷",而产品投入生产到大规模产业化之间的鸿沟被称为"达尔文海",描述的是技术在产业化过程中必然要遭遇的瓶颈。可见,技术从研究创新到产品开发,直到实现产业化,这条路是十分艰险的。2003 年时任科技部长徐冠华曾说,"我国的科技成果只有 5% 能够进入市场"。同年数据显示,当时技术市场经过当地认定登记机构登记的技术合同为 26.8 万项,合同额为 1 049 亿元,平均每份合同额为 41 万元。到 2004 年,技术合同额为 1 334 亿元,从国外引进的技术合同 7 139 项,金额 134.5 亿美元。我国购买技术的支出超过了研发支出。据世界银行相关资料表明,我国的科技成果转化率平均只有 15%,与多数发达国家 50%—70% 和美国与日本的 80% 的转化率,无法比肩。原因大多是不少技术人员带着自己的项目进入了"死亡谷"与"达尔文海"的风险圈之后,就没有能摆脱其"死亡风险",半途退出。这种风险大多出现在创新与技术孵化阶段或早期技术开发阶段。

"死亡谷"现象一般发生在早期技术创新与研究阶段,是创新空间的特定区域,是商业概念上的初始阶段。发明人通过实验室工作,让技术方案进入市场鉴别,创造可保护的知识财产。这个阶段的风险除了技术的科学性和可行性论证外,主要还是资本缺口带来的。因此,"死亡谷"是研究人员和产品开发人员从发明到创新开发遇到的一种特殊挑战,要求早期项目的支持者必须克服资本的短缺。过了"死亡谷",完成了技术成果的研究和样品开发生产阶段后,接下来进入的是市场验证、产品试生产,以及为产品的商品化和产业化做准备的阶段,即进入"达尔文海"。这个时期除了需要科技人员之外,更重要和关键的是需要企业家的介入;并且应当需要以企业家为主,组织开展深入的市场调查和相关投资人等生产要素与要素市场的参与、融入。这是项目大量用钱的阶段,投资者需要对项目的市场风险进行考察与评估。科技人员辛苦完成的科技成果,即将要随着企业家的接手,实现转化目标的"见底阶段"。这个阶段的风险并不亚于创新成果研究阶段,除了要承担技术在开发和扩大规模后的技术可行性、适用性风险之外,还要承担即将上升为主要风险的商业风险和市场风险,说到底是关乎投资人的投资判断与决策的风险,其风险大小决定着投资的规模和企业的生死存亡。

"达尔文海"是技术风险与商业风险、市场风险并存和集中并发的阶段,通常需要跨越影响产业化目标的 3 条鸿沟:

一是创新者的动机。创新者(科技人员、发明人)最初确信自己的技术能够形成商业化产品,并且是经过原理证明的。但是,在预想的产品转换成商业现实(包括满足消费者需要的功能、使耗费的成本足够低、又有足够好的质量,还要对市场有足够吸引力和市场竞争力,能够在竞争中生还)时,需要大量必要的激励手段与措施并付诸实施,以保证创新者动机的实现。

二是人才的障碍。当技术即将或已经进入商业化、产业化时,"达尔文海"的两岸,一边站着发明人、科学家、技术专家,另一边站的却是投资者和企业管理者。他们有着不同的训练经历、预期、信息源和表达方式。技术专家知道的是科学上的意义、技术上的可行以及方法上的创新。在失败案例中,技术专家需要承担的是名誉损失以及金钱的归还。因为技术专家致力于投资,主要是为了实现可能之事的想象。而投资者和企业管理者要知道的是新产品进入市场的过程和结果。当涉及技术细节时,投资人往往需要相信技术专家。但是,投资者的目标是致力于有回报的投资。投资者和管理者,放在风险上的一般是别人的钱。事实证明,要是技术专家与投资者、管理者之间能够相互信任,有效沟通,就容易跨越深不见底的"达尔文海"。反之,发明与创新之间的"达尔文海"也就更难以跨越。

三是资金的鸿沟。技术项目研究时的资金,不同国家的情况是不完全相同的。国外研究机构的应用研究项目资金,一般来自公司,有的来自政府财政,较少的来自个人财产。在实际活动中,只有少量的可用于创新者的资金来源,包括天使投资者;也有在已建公司的高技术中的股权投资,为获得新兴技术而投资;或者是专门进行早期投资或种子投资的风险投资公司;或者是军事的或其他公共管道;或者是政府专门设计的计划投资;大学研究机构主要来自公共的或私人的资金。实际上,"达尔文海"所缺的资源并不全是资金。时间、信息以及人力、管理等生产要素资源,都是很重要的,尤其是涉及特定项目的技术和市场信息,以及能够评估这些信息价值的人。作为投资者,最缺的是稳定的、有质量的项目。所以,资金鸿沟实际上也可以认为是人才鸿沟、信息鸿沟和市场鸿沟。

第三,"死亡谷"与"达尔文海"的双重壁垒。"死亡谷"除了技术上的难点外,创新人员主要面对的是资金困难。数额虽不大,但对于并不富裕的科技人员来说,却会直接影响其创新思想的实现。"达尔文海"的壁垒则不仅仅科技人员要面对,而且技术接受方、企业家也要面对。然而,壁垒不仅体现在资金上,还体现在信息、技术、市场和人才等诸多生产要素障碍上。更难的是要让科学家与企业家在合作理念、产业认知、市场判断和技术、经济、管理及市场能力诸要素上,能有较好的默契沟通和磨合。

在市场经济条件下,这种状况将会演绎出企业家与科学家共同创业的可喜场面。"死亡谷"是从基础研究到应用研究和产品开发的过程必须克服的重要壁垒,从本质上讲,主要是指研究资金和研究人力资源的困难。但当跨越"死亡谷",进入产业化开发后,仍然是一个激烈的竞争环境,那种困难远比研究阶段的困难要多得多。这个阶段,技术的先进性已被该技术的适用性、可行性所取代。推进该技术的应用、扩大生产、集约组织转化资源,已成为转化项目的主要价值,如果处理不好,就会威胁新的合作者和公司的生存。其实,"死亡谷"与"达尔文海"之间并无非常明显的界限,往往是刚走出"死亡谷",就进入产品商业化和产业化的"达尔文海"的陷阱。所以,只有将"死亡谷"和"达尔文海"的双重壁垒全部克服,研究成果成为高技术的商业化、市场化的目标才能实现,这就是我们通常所说的科技成果实现了向生产力的转化。

第三节 技术要素在生产力发展中的先导性

18世纪以来的科学技术进步改变了人类经济发展的历史面貌,使长期的经济增长成为现实。尽管理论界有很多不同的经济学流派,但它们都肯定了技术对经济增长的积极作用。马克思主义理论对科学技术进步在经济发展中的作用作过精辟的论述:"劳动生产力是随着科学技术的不断进步而不断发展的"①,"生产力的这种发展,归根到底总是来源于发挥着作用的劳动的社会性质,来源于社会内部的分工,来源于智力劳动,特别是自然科学的发展"②。

所以,生产力的发展水平是由科学技术进步的水平决定的,并以科技进步为先导、为基础。在西方经济学中,经济学家对技术进步在经济增长中的作用方面进行了深入的研究。从古典经济增长理论、新古典经济增长理论到内生经济增长理论,西方的经济学家对科学技术在经济增长中的贡献给予了越来越多的关注。亚当·斯密是西方古典经济学的创立者,他把劳动力看作是最重要的生产要素,强调劳动、资本和自然资源三者在经济增长中的作用。在他看来,劳动分工是技术进步的主要内容,正是由于劳动的分工和劳动分工的发展,才促进了新机器的发展和应用,从而促进了劳动生产率的提高。大卫·李嘉图继承斯密的理论,认为经济增长主要取决于土壤的实际肥力、资本的积累、人口状况、农业技术和制度等因素。他考察技术进步与土地生产效率及地租率、劳动生产率及工资率、资本效率、利润率等的相互关系。1956年,索洛在论文《对经济增长理论的贡献》中,提出了一个假设资本产出率可变的经济增长模型,为新古典经济增长理论奠定了基础。他指出:"从长远的角度来看,技术进步才是经济增长的决定因素。"

技术从产生之日起,就表现为人类对自然力的利用和控制手段。技术由基本技术、生产技术和产业技术构成。基本技术由物质变化成技术、能量转换成技术和信息控制技术构成。我们往往容易把"技术"只理解为"生产技术"的人,即技术创新者。其实技术市场中的"技术成果转化为生产力"的"技术",还包括了将技术转化成市场和用户需要的产品的全部技术内容。且不同的转化阶段,其技术的表达内容是不同的,其中劳动者的作用也各不相同。

---

① 马克思.资本论:第3卷[M].中央编译局,译.北京:人民出版社,2018:97.
② 马克思.资本论:第3卷[M].中央编译局,译.北京:人民出版社,2018:97.

任何一项生产技术都是基本技术的某种组合，产业技术则表现为在生产活动中主导技术群的形成。

技术成果与科学成果不同，它提供的不是理论，而是操作规则与程序和新的产品。技术作为人对自然之能动性的表现，其本质在于延伸人的自然肢体和活动器官，放大人的劳动器官、感觉器官和思维器官的功能。现实技术总是在特定的文明背景下，形成具有时代特征的社会技术体系。

技术市场的重要作用就是促进技术的转移，这是中国技术市场的重要任务和历史使命。技术要素在技术转化中的作用需要通过技术的转移去实现。张江雪等学者的研究认为，技术的先导性决定着技术在转移进程和实现转化的进程中，对经济质量的提升和效率增长产生的影响。这种影响一般表现在以下3个方面。

第一是对自主创新的影响，它将引领产业的进步。发明人的技术创新活动源于对市场需求的了解，技术的先导性特征将决定其为了满足市场需求所选择的技术要求和质量标准，它是直接影响产业发展和产业水平提升，影响产业升级和企业发展的。研究发现，目前我国的技术转移活动，对中小企业的影响比对大型企业的要大。凡是有技术转移行为的企业，具有更优化和更优良的创新绩效，直接推进了该企业乃至该产业的技术跃升。技术要素在产业发展中的这种先导性表现是非常明显的。

第二是对产业结构的影响，它将推进产业结构的转型升级。特别是有效实施国际技术转移，这也是世界各国以技术拉动经济发展的一种战略。技术的先导性，在一定程度上是我国工业结构升级的关键因素。跨国公司的技术转移中，优先选择适合产业提升和效率提高的技术，然后组织转化，以此推动了中国产业结构的升级，并具有明显的对传统产业的改造效应，同时具有明显的对形成高质量新增资产的技术促进效应和溢出效应。研究认为，研究型大学的技术转移，为政府、企业和研究型大学之间建立和谐关系，对区域产业结构优化，将先导性技术输入转化领域、输入企业，对促进技术转移，推进产业结构的转型升级，具有重要的促进意义。

第三是对经济增长的影响，它将直接作用于经济增长和效率提高。先进技术的应用,会导致生产多样化的出现和服务业部门劳动就业的增长,从而导致单位资本国民生产总值(GNP)的上升。如果外国直接投资是由跨国公司实现的,且伴有公司自己的技术转移和生产者服务,它可能要延缓技术引进国的经济增长。研究还发现,技术创新、技术转移和技术扩散促使经济增长的过程表现为相对于时间的非线性过程。外商的直接投资及其技术转移的实现,对中国的经济发展也起到非常重要的作用。

第四节　人才要素对技术转移的决定作用

在市场经济环境下,人才市场和技术市场一样,都是市场经济的重要组成部分。我国技术市场在20世纪70年代末、80年代初兴起,那时人才市场和资本市场都还没有在我国出现。随着经济全球化和市场经济体制的建立,人才市场的发育状况和政府对人才市场的建设与培育工作,获得了人们的高度认可。从市场的角度看,认识和熟知人才市场确实是要比技术市场来得容易,少有误区。当然,技术市场的发育与发展,离不开人才市场的依托和支撑,人才要素是技术市场要素中的第一要素。

改革开放初期,我国曾一度出现人才大量外流的现象,令人痛惜。随着我国市场机制的逐渐成熟,国家和社会对人才的选拔与使用力度不断增强,符合科技人员特殊需要的政策措施陆续出台,人才外流的情况逐渐减少。近年来,随着对外开放的力度加大,出境、出国留学深造的人也日益增多,这些留学生们在国家人才政策和技术政策的吸引下,纷纷选择了回国发展。全国各地也充分运用市场激励政策和措施,通过组织"千人计划"等,吸引境外、国外优秀人才回国创业。

据教育部留学服务中心的数据显示,2018年中国出国留学人数有66.2万人,回国人数近52万人。这说明出国留学的每10个留学生中,至少有7个人回国发展。除此之外,海外的中国学者也纷纷回国,为祖国的发展贡献力量。比如,世界著名计算机学家姚期智,他曾是美国普林斯顿大学的终身教授,他的回归不仅填补了中国在计算机理论研究方面的空白,更带动了一大批海外人才回国；量子物理学家潘建伟带领团队在量子通信方面取得了辉煌的成就，使中国在量子通信领域用了不到10年就发展成为世界劲旅；著名地球物理学家黄大年回国后首次推动了中国快速移动平台探测技术装备的研发，不仅攻克了技术瓶颈，还突破了国外技术封锁。他们的回归不仅推动了中国科技实力加速前进，更打破了西方对华的技术垄断，缩短了中国与西方国家的技术差距，充分体现出人才要素对技术转化的决定作用。

第五节 资本要素是技术实现转化的关键

在技术转移和转化中，资本要素起着关键的作用，并且在技术转移的不同阶段表现出完全不一样的作用。从一些研究中可以看出，在技术创造阶段，政府和公共部门为主要投资者。"死亡谷"阶段的资金需求与供给出现严重矛盾，科学家和发明人缺乏资金是普遍现象。进入早期产品工业化生产和产业化阶段，是投资者愿意投资的起始点。特别在建立最初销售，现金流能够快速好转前，除非可以对大规模的市场预期作出判断和确认，风险也较之前更小，风险资本家才愿意进行资助。

其实，技术研究开发在"死亡谷"时期所需的资金，远远大于科学家和发明人提出技术创造的阶段所需。因为当技术创造阶段结束，实验室的成果已经完成，公共部门的资助、政府的投入通常会减少，人们往往会把后续这一阶段将要进入工业化生产的投资，分工为应由投资人逐利的范围或者企业自身的事情。由于政府和公共部门的投资减少，往往是出现在项目操作人需要增加投资的时候，因此，技术项目在开发生产产品时缺钱，项目的"死亡率"自然就比较高。这个阶段难以进行自筹资金，借款的融资也十分有限。这时，企业风险就会转向股本融资（至少是所需资源的一部分）。在实际操作中，天使资金和种子投资者的资源，作为风险资本的先驱者，通常也是不够的。特别对于高技术投资，虽会有高回报，但同时具有高风险，如图8-4所示。这就是我们将研究技术创造阶段和早期商业化阶段之间的这个阶段称为"死亡谷"的根本原因。

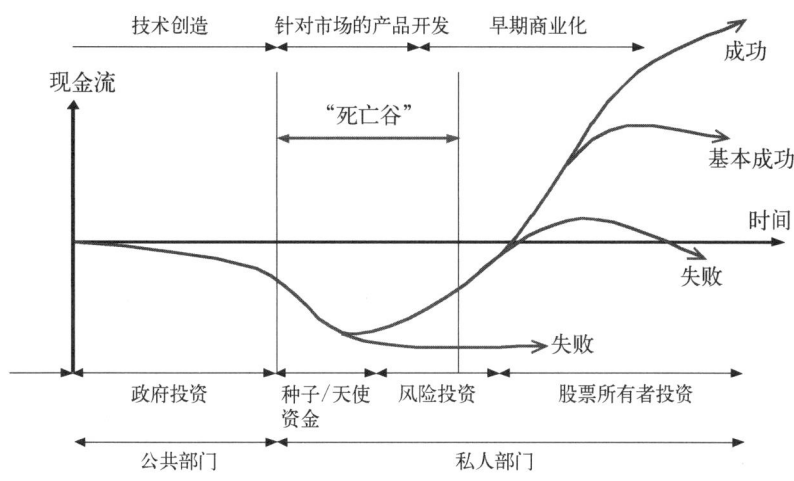

图 8-4 技术转移过程中的要素投入风险示意图

ATP 网站曾介绍过美国企业早期技术开发阶段中的资金来源的大致比例,说明政府对早期技术开发的支持具有重要意义,如图 8-5 所示。

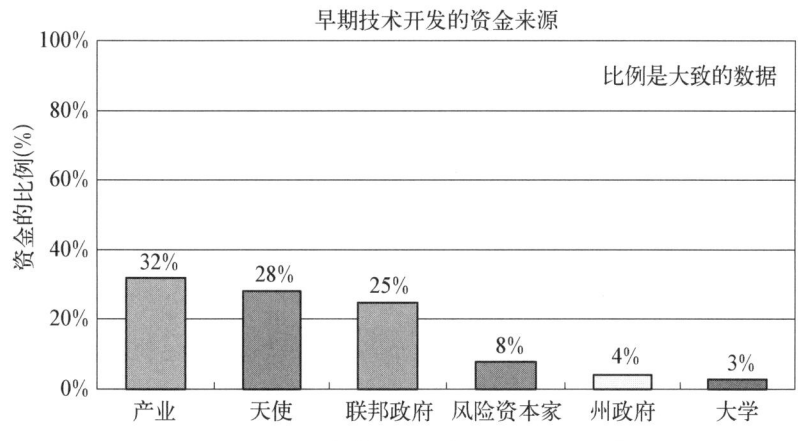

图 8-5 美国技术转移早期资金需求比例示意图

而在我国,从 20 世纪 90 年代开始,各地建起了不少所谓的科技风险投资公司,但是运行情况和风险投资的状况并不令人满意。有人讽刺"保险公司"即"无风险投资"。当前,许多下达给中小企业创新基金项目的基金支持,资助的大多是具有明确回报前景、且在技术上已定型的"短平快"项目。有专家预言,这种基金支持虽然能加快新产品开发进度,但基本上无助于产生重大原创性发明。在实际生活中,那些孤立无援、四处碰壁的发明人,很难从这种投入中得到支持,许多优秀的发明构想就此夭折。

研究认为,虽然我国技术市场与资本市场已经初步建立,但技术市场引领整个技术转移市场的能力依然非常薄弱,资本市场的层次和种类也相对单一。技术与资本两个市场之间缺乏科学对接,这在很大程度上制约了两个市场的进一步发育和向更高层次的发展。有专家曾呼吁,国家财政支持点要向创新链前端移动,有助于培育充满创意的发明构想,为技术发展开辟广阔路径。这种支持所需要的资金数量,远远少于产业化和商品化的投入,然而对发明事业的推动、对建设创新型国家的作用不可估量。这些年,随着金融体制改革的深入,金融工具开始呈现多元化态势,千军万马盯住银行借贷过"独木桥"的现象将有望缓解,资本市场的形势开始好转,这应该是推进科技金融的真正出路。科技金融中的科技与金融之间不是简单的加法关系,而是需要两者融合、两个市场有机互动的关系。寻找或设计出合适的金融工具、金融产品和对接模式,在技术成果转化和商品化的进程中实现技术市场与资本市场的相互支持、相互融合,推进技术的有效转移和高效率转化,才是技术市场与资本市场互动的正道。

自主创新包含知识创新(或者叫科学创新)和技术创新两大部分。大学与科研机构是知识创新的主体,企业是技术创新的主体,两者是有区别的。大学与科研机构是生产知识的地方,主要实现将资金变成新知识的科学创新;企业是创造效益的地方,主要实现把知识变成资金的技术创新。近几年高技术产品的技术复杂性明显增加,产品的技术突破需要不同学科、不同方向的技术集成,一个企业已经很难独立完成。假如一个企业试图自给自足"包打天下",整个创新链就断了,其技术创新必定不会有很高的水平。因此,在全球竞争和技术变化加剧的形势下,强调企业内部在垂直集成转变为横向集成时,一方面要增强自身某一方面的核心优势,同时也要加强对企业之间资源、大学及科研机构与其他外部资源的利用。

国家创新体系工作的核心是提高企业技术创新能力,提高大学和科研机构的知识创新能力,若干年内还要加强核心技术和共性关键技术研发能力,还要有效解决技术转移问题。我国企业成为科技创新主体还有漫长的路要走,目前大学和科研机构不但要加速推出科技创新,还应加强核心技术和竞争前的共性关键技术研究,帮助企业尽快成为科技创新的主体。研究发现,我国创新体系中最薄弱的环节是技术转移,而技术转移中最困难的工作,是与资本市场的互动。有专家认为,国际上转移技术的初始投入一般来自风险投资,但我国"863"等科研计划产出的技术,绝大多数还不在风险投资公司的视线之内,因为风险超过它们的预期。这就造成所谓科研成果和投资者支持之间的"死亡谷"。为了躲开"死亡谷",有人建议大学与研究机构做更靠近市场的研究开发,这种急功近利的思路,已对我国创新体系建设造成极大危害。正确途径应该是在国家的引导与支持下,加大对技术转移的投入,政府应承担比风险投资商更大的风险,加大种子基金的投入,为风险投资培育出更多可选项目,这正是技术转移的关键和难点。浙江在开放资本市场的工作中,提出了普惠金融的口号,"互联网+普惠"走在全国前列,努力实现乡村振兴数字赋能。除了"三农"以外,小微企业就成为普惠金融的重点。2018年年末,浙江全省小微企业贷款(银监口径)达到34 496亿元,比2018年年初增加2 980亿元,增长了近9.5%。湖州、衢州率先成为全国绿色金融改革创新试验区,绿色金融的"浙江模式"初步形成。同时,通过大数据、云计算、人工智能等新技术应用,打破服务空间与时间的限制,提高普惠金融的智能化和可行性,让百姓享受到更加便捷的金融服务,为推进乡村振兴注入数字动力和金融活力。发挥金融在稳企业、增动能、保平安和服务民营小微企业中的重要作用,以金融稳,保企业稳,以金融活,促经济活。全面实施"融资畅通工程",打通民营小微企业融资"最后一公里",这对技术转移工作来说将是一个喜讯。当前,国家正在大力推广普及科技金融、互联网金融等新理念,力图解决中小科技型企业融资难、融资贵等问题,同时也要适时介入技术成果的转化过程,为资本市场作为生产要素在技术市场运动,提供机会,提供可能,总结经验,探索路子。这里要特别提醒注意的是,我们在关注资本要素和资本市场在技术转化中的重要地位的时候,切不可忽视管理要素在其中的作用。在某些情况下,也许管理要素和服务要素的合理配置,将会在技术转移和转化的过程中起到"牵一发而动全身"的效果。

第九章 技术转化呼唤科技服务市场的崛起

回顾中国技术市场的培育历程,我们清楚地感到,一切工作的着力点都是围绕解决技术成果转化这个重大命题展开的,它是技术市场最为核心的任务。众多研究表明,技术成果转化难是技术市场领域中最为突出的问题。总结国内外的经验教训可知,这个问题的根源在于政府、企业和社会为科技成果转化提供的服务与工作不到位:服务组织弱小、服务队伍零散、服务内容单一、服务专业过窄、专业化服务力量单薄,加上服务质量没有标准,因此效果不尽如人意,甚至有的服务机构口碑不佳等。总之,从事科技服务的队伍能力不强,人员素质不高,服务跟不上,是导致技术成果转化不畅、转化率不高的症结所在。

当前,现代服务业蓄势待发,增加值比重持续提高。科技的本质特征决定,科技服务必定是经济社会服务中不可缺少的重要元素。站在研究技术市场的角度观察,一个健康繁荣、发展成熟的技术市场背后,必然有一个功能强大的服务市场作支撑。因此,培育转化效率高、转化成效显著以及健康繁荣、发育成熟的服务市场,解决中国技术市场活动中的科技服务问题,已成为新的历史时期政府培育和建设技术市场的重要内容与当务之急。

科技服务业属于现代服务业范畴,但是根据世贸组织的分类标准,现代服务业分为:商业服务、电讯服务、建筑及有关工程服务、教育服务、环境服务、金融服务、健康与社会服务、与旅游有关的服务,以及娱乐、文化与体育服务等9大类,科技服务业没有单独列出。2007年,国务院发布了《关于加快发展服务业的若干意见》,这对加快发展现代服务业起到了支持和促进作用。

国家科技部在2012年2月22日发布的第70号文件中专门指出,现代服务业是指以现代科学技术,特别是信息网络技术为主要支撑,建立在新的商业模式、服务方式和管理方法基础上的服务产业。作为一个新兴产业,它既包括随着技术发展而产生的新兴服务业态,也包括运用现代技术对传统服务业的改造和提升。它有别于商贸、住宿、餐饮、仓储、交通运输等传统服务业,以金融保险业、信息传输和计算机软件业、租赁和商务服务业、科研技术服务和地质勘查业、文化体育和娱乐业、房地产业及居民社区服务业等为代表。

相对于传统服务业而言,科技服务业是一种适应现代人和现代城市发展需求的、具有高技术含量和高文化含量的职业。随着市场经济体制在中国的不断完善,技术市场和其他生产要素市场也不断成熟,与促进技术转移和转化紧密相关的科技服务业,也必然将从服务业的群体中异军突起。因此,用新的思维方式、理念,给予科技服务业政策扶持,已经成为新时期各级政府培育技术市场发展的重要内容。

科技服务业发迹于社会进步,作用于经济发展,来源于社会分工的专业化需求,它具有智力要素密集度高、产出附加值高、资源消耗少、环境污染少等众多特点。现代服务业的本质是实现服务业的现代化,而科技服务业正是为技术转移和技术成果转化提供服务的一种现代服务产业。

第一节 技术从研发到转化是一条长链

技术自被发明以来,通过各种渠道、形式、手段、措施进入转移,再通过研究开发,直到能够应用于人类的生产、生活,满足人类的需要,这一过程,人们称之为"长链"。技术正是通过这条长链,连同各种生产要素在其间对它产生的作用,在促进人类发展、推动人类文明的进程。

技术的出现、转移到转化,是拥有知识的发明人(亦称专利权人)通过劳动完成、并向社会和市场提供知识形态成果的一个完整的过程。即便时代进步、科学技术发展而使得技术在转移和转化过程中的时间有缩短的迹象,但这个过程毕竟不是可以在短时间内就能够完成的。

"技术转化链"的出现,是技术从发明创造到完成转化的一个自然发展的过程,有其自身独特的转移与物化形态和规律,是不以人们的主观意志为转移的。技术从研究到转移、再到实现转化的这条长链中,需要各生产要素的参与和配合,才能实现商业化、产业化。这个过程一定是漫长曲折的,"如履薄冰",随时有夭折的风险。技术转移、转化的过程和结果,在不同的国家、在不同的管理体制和在不同的年代、不同的时期,是完全不一样的。技术市场作为以促进技术市场转化、变成现实生产力为目的的生产要素市场,研究探索、解决技术这一人类智力成果的研发转化的全过程工作,是技术市场的根本任务和使命,也是研究人员开展科学研究和产品开发活动的根本目的与归宿。

技术成果作为人类的知识和智慧的结晶,在转移与转化的整个活动过程中,由以系列知识创新为特征的创造性劳动凝结而成。从实践上考量,支撑这种知识创新,推进这种创新行为,使其能转化为现实生产力,需要以下4个基本要件:

一是发明人必须有丰厚的知识积累。发明创造,是科技人员知识积累到一定程度的结果。这种知识积累到发生作用,是头脑中知识积淀到足以能够产生爆发力的一种过程,厚积才能薄发。有人说这是灵感的果实,其实灵感同基因遗传是一个道理,那只是因素影响的程度而已,重要的还得靠发明人本身知识的积累。

二是发明人必须有客观严密的逻辑构思。科技领域中的创新元素,需要科技人员的知识和天赋,还得需要世界观、方法论的综合运用。构思缜密、条理清楚的逻辑思维,需要发明人的智慧、素质和知识占有及能力发挥的全面迸发。

三是研究开发必须有必要的科学实验手段。任何一位科学家、发明人,其科学实验没有一次就能成功的。失败、成功、再失败、再成功,无数次往复,"失败乃成功之母",是科研工作的常态。无数次的实验,无数次的失败,最后获得科学的求证,这就需要科学实验手段去保障。

四是形成的技术必须在应用市场上具有超越性。"人无我有,人有我优",目的是为了超越。只有始终跑在前面的技术与产品,才有可能垄断市场。技术成果是人类复杂劳动和创造性劳动的高度集合,一般简单劳动与之无法比拟。社会上曾流传"造原子弹不如卖茶叶蛋"的说法,其实两者的劳动对象和劳动要素不同,劳动生产率不一样;制造原子弹所要求的技术人员、研究条件,与制作茶叶蛋对劳动者和劳动条件的要求,也根本不在一个层面上。

技术成果进入转移和开展转化的进程中,大致有以下 4 个过程,其间环节重叠、险象环生,有的可以跨越风险,有的也许就这样夭折了。

第一个过程,出现创意到完成研究成果(是方案,也可以是样机、样品)。该过程耗时长短不一,对有的人也许就是一辈子。许多人的创新冲动,到头来"灰飞烟灭",是常有的事。新创新替代了旧成果,也是常有的事。脑力和智慧的功夫,是这阶段的主要耗费,经济耗损相对较少,没有投入太多资金,也无太大的市场风险。

第二个过程,方案或样品从实验室转移出来后,就进入产品开发。实验室技术在向产品研发中,技术的、工艺的、材料的、设备的方方面面问题层出不穷,有的可预估、可预判,有的却无法判断,技术的可行性、产品的可靠性测试与考验,问题接二连三,风险随之而至。尤其是在接受消费市场、用户检验时,需求市场的要求往往是苛刻、多元的。但是,事物总具有两面性,这个阶段是研发工作陷入"死亡谷"的高发、频发期,也同时是风险投资人寻找投资目标、考验对项目判断能力的好时机。当然,这种风险投资的最佳期,也是最不安全期。只要过了"死亡谷",技术产品的身价就会上升,风险投资的代价也跟着上升。

第三个过程,是研究成果进入商业化生产阶段。技术成果走向市场实现商业化,这是研究工作者一切活动的归宿。技术成为产品之后,不仅要接受技术先进性、成熟度、竞争力的考验,重要的是解决市场对该产品有所需求的问题。从技术层面考察,技术嵌入产品、成为新产品的"灵魂"之时,需要解决技术与产品在生产规模上的匹配问题,解决新形成的产品的经济性问题,还要解决形成商品时的知识产权、标准、标识等属于产品、商品范畴的工作问题,这些都将上升为企业家和研究人员需要共同面对的主要工作。从市场层面要求,企业家作为承担转化活动的主体,要在研究人员的配合下,在生产流程、管理控制和经营体制、生产营销模式,以及在利用和组织资本市场与人才市场等方面，做好工作。这也就是人们称之为"达尔文海"的阶段，在此阶段科技人员、研究开发人员和企业家、投资者，以及与该产业相关联的所有人员都在"同台唱戏"。这是一种智慧的集聚、能力的集合、实力的组合，是多种转化要素大集聚的阶段和过程。从根本上讲，是技术、人才、信息、资本和管理诸生产要素的无缝结合，也是技术市场、人才市场、资本市场和土地、信息、管理等各种与之相关的生产要素市场，在市场经济中同一目标下的共同运动、互相作用，这是技术成果"转化见底"的阶段。无论是投资者，还是管理者，面临的都是"风险和机遇并存"。分析得好，判断得正确，决策得科学，机遇就大于风险，反之亦然。

第四个过程，是技术产品规模化生产后实现产业化的阶段，是技术市场活动的归宿。在这个阶段里，企业除了有效组织商品生产，产品的技术寿命、市场竞争力、营销策略和研发体系、产业升级，以及企业的治理结构、发展规划、运行机制等方面将全面接受市场检验。这阶段更是技术转化的风险高峰期，技术风险、市场竞争风险、人才风险、政策风险、资金风险，还有管理风险，都会随着激烈的市场竞争接踵而来。当然，就其本质而言，主要风险一是市场竞争风险，二是管理风险。建立现代企业制度，是企业适应市场经济、避免和减少这些风险对技术项目产业化的影响、实现技术产业化的根本保障。

市场有竞争，管理同样也有竞争。在中国，更多的是现代企业管理制度与落后的家族式管理旧习惯的竞争。这对从以家族式企业、作坊工厂为主要形态中闯荡过来的中小企业来说，真的是一次脱胎换骨的变革，非常困难。企业在市场风险、技术风险和管理风险等多重因素的裹挟下，唯有发挥技术市场的功能，将资本市场和其他生产要素市场的功能有机结合，才会有出路。

技术成果从转移到转化过程存在机遇与风险，这是技术成果转化的必然规律，无法回避，这也正是科技服务显身手的有效时机。科技服务将以自身的特点和规律，根据服务对象的不同情况，采用不同的手段，提供不同的服务内容，利用技术市场的体制机制，将各种有利于技术转化的生产要素，进行资源整合和合理配置，帮助企业实现转化和产业化的目标。实践告诉我们，凡是成熟的市场环境，技术的转移和转化就顺畅，反之，则会困难重重。

第二节　技术市场成熟的标志是
　　　　服务市场的崛起

1981年,国家科委党组在《关于我国科学技术发展方针的汇报提纲》(以下简称《提纲》)中提出,要"加速科学技术成果的应用推广,实行有偿转让",中央批转了这个《提纲》。国务院在1984年11月专题讨论技术有偿转让条例时,提出要"大力开拓技术市场"。技术市场的基本功能就是促进科技成果的转化,将技术转化为现实生产力。我国技术市场的出现,主要基于两个原因:一是为了冲破旧体制的束缚,解放生产力。二是在经济全球化的形势下我国建立市场经济体制成为必然。在"科教兴国""技术也是商品""解放生产力"等一系列理论的指引下,国务院适时推出并实施"四个转移"的措施,冲破计划经济思想的禁锢,旨在振兴我国经济,改变落后面貌,这就为实现技术的转移和转化创造了机遇,催发了技术市场得以在我国诞生的条件。

这在当时至少需要具备以下3个最基本的条件。

第一,必须冲破旧的经济体制。在旧经济体制下,要提出技术市场这个命题是不可想象的。国务院提出技术可以转让,科技人员要走出实验室,科研机构的研究成果要为经济建设服务,正是对计划经济旧体制的一种强烈冲击。在计划经济根深蒂固的中国,让技术融入商品经济,继而融入市场经济,从观念转变到行动自觉,不是一件容易的事。当时的技术市场根据《中华人民共和国技术合同法》提出了"技术转让、技术开发、技术咨询、技术服务"的"四技"活动。

第二,旧的科技体制必须变革。科研机构是技术生产的主要源头,开放技术市场,对旧的科技体制进行改革,应首先对管理机关和科研机构进行改革。中央在《关于科学技术体制改革的决定》中明确指出,要把开放技术市场作为改革科技体制的突破口。当时,国家采取削减事业费这种改革手段,逼着大批科技人员走出实验室,到经济建设的一线去。从今天来看,这种做法在手段和方式上似乎有点鲁莽。但是为了落实"经济建设必须依靠科学技术,科学技术工作必须面向经济建设"的方针,要是不这样"动手",也许今天我国依靠科技进步的步伐就迈得没有这样大,效果也没有这么好。用今天的眼光反思,会清楚地看到历史留下的一些不足与遗憾,不过这些问题还是能够通过深化改革去解决的。

第三,技术市场必须在市场经济体制下运行。20世纪80年代,国家实行的是有计划的商品经济体制,人们还在"计划多一点,还是市场多一点"的问题上徘徊,国务院提出了技术市场工作的"八字方针",成立了由多部门组成的全国技术市场协调指导小组,领导全国的技术市场和技术转移工作。那些年的中国技术市场,无论是理论创新,还是市场实践,都实现了认识上的升华,有效地促进了技术面向经济建设主战场的伟大实践。特别在国家决定建立市场经济体制后,技术市场更是如鱼得水,科技人员的聪明才智和创新精神得到充分释放,市场配置科技资源实现新的跨越,为加速科学技术成果的转化,在体制和机制上奠定了基础。然而,技术成果的转化工作和活动,需要众多生产要素的有机组合,需要各种生产要素市场的资源配置、合理运动,还得有相关服务要素跟随其中。事实证明,要是没有与技术转移活动相适应的周到及时的服务,技术转化就会困难重重。

在技术市场领域,科技服务也是生产要素,从一定意义上说,在技术成果的转化过程中,它起着举足轻重的作用。技术转化过程的产业链,在不同阶段需要的是不同内容、不同专业、不同方式、不同时机、不同规模的服务,其间也包括了政府的政策服务和管理服务。在技术产业化进程中,科技服务的链式效应,是由技术转化链的规律决定的,每个环节对各种生产要素和要素市场的服务会有不同的需求。这些需求包含在技术市场的服务体系之中,而且并非千篇一律,是有着不同内容、不同目标、不同需求的个性化要求的。当市场满足了这些合理、客观的需求时,技术转移和转化就能成功。否则,转化活动就会步履艰难,甚至会半途夭折。中国技术市场的服务体系能否提供符合技术成果向生产力转化需求的"及时雨式"的贴身服务,决定着技术转移和转化的成败。

从社会分工的角度考察,技术成果从诞生到转化,各种生产要素存在众多差异性,需要技术市场体系为其提供与之相适应和匹配的综合服务。这些服务包括服务机构自身的资质、专业服务的质量等，都要建立在符合技术转化规律的基础上。培育和形成有严密构架的链式服务体系，已经成为促进中国技术市场发展和成熟的历史必然。这种伴随技术转化链和技术商业化产业链提供的技术转移服务，主要有以下3种：一是宏观服务。如政策咨询、情报信息咨询与服务，还包括财务、法律事务与相关知识产权规划等方面的咨询服务。二是技术性服务。如产品开发时的各类有资质的专业、技术、工艺等方面的咨询与专业化技术服务。三是资本市场和相关要素市场领域的专业化服务。包括在技术转移转化的不同阶段，根据用户的不同需要，提供资本市场和相关市场要素的组织、指导，以及提供相应的专门化服务。

"科技服务链"理论的创立，既是社会进步所推动的，也是由科学技术发展规律所决定的，更是提高技术转化效率所必需的。在技术实现产业化的长链上，每项技术难题、每个经济问题，都具有很强的专业性和市场性，都与实现转化相关联，其背后是不同专业、不同内容、不同要求和不同标准的服务。这是一条以技术服务为先导，集信息、资本、人才等各种生产要素的服务为支撑的科技服务链。技术市场的服务体系，要是只能做简单的服务或只会做某件事情，其实就是"断链"服务，满足不了企业和用户的需要。当前，我国很多企业尚未确立现代社会的专业化分工理念，在开展技术研发和产业化工作时，不了解服务市场资源配置，习惯了"自我式服务"，对引入服务职业为己所用不习惯，甚至"怕花钱"，怕"肥水外流"，使得一些项目因服务市场缺位，企业自身服务又跟不上，被迫夭折，导致转化失败。这正是项目转化率长期在低位徘徊的重要原因。

发达国家的成功经验告诉我们，服务市场包含着公共服务体系和服务平台。建设有政府背景、有政策支持和专业支撑，权威性高的公共服务体系和服务平台，已成为新时期培育和建设技术市场的重要工作。服务市场的兴起，让综合服务功能得到充分发挥，是新时期衡量技术市场成熟的重要标志。据此，在各地普遍建设服务平台的热潮下，需要在以下问题上多作探索：

第一，平台定位最关键。政府服务平台的基本属性是公共性，这是技术市场为社会提供技术产业化综合性服务的主要手段。公共服务平台的属性，决定"公开、公平、公正"性服务是政府建设平台的目标。要让平台发挥作用，必须遵循"三公"原则。

第二,运行机制是核心。优质、高效的运行机制,是平台持久安全运行和持续发展的客观要求。为了避免这种公共服务平台形同虚设,必须研究其管理与运行机制。从目前现状和发展要求来看,平台设施(包括已建的科技大市场)在管理体制、运行机制上需要深化改革。40年来,各地固定的常设技术市场设施越建越多、越建越大,但实际运行却不甚理想,功能发挥不畅,造成了企业不在乎、科技人员无所谓的"一头热"现象。解决好平台在管理体制和运行机制方面的问题,平台就有活力,就能发挥作用,就能为企业和社会提供有用的服务。

第三,服务公共性是关键。功能强大的服务平台,除了服务内容广泛、专业内容周全,还要有非营利的服务模式,这样的平台才会吸引用户集聚,企业和科技人员才会蜂拥而至。平台是政府的,性质是公共性的,到平台找专家、找机构、找公共设备、找服务,顺理成章。功能齐全、服务周全的平台,是当今提升技术市场活跃程度的重要前提。技术市场中的综合性或专业性公共平台能够快速崛起,把社会上碎片化的服务通过筛选、整合和组织起来,形成各种匹配和链式联动,为推进服务市场建设提供高效、优质、精准的服务,已成为各地这类常设市场(科技大市场)需要共同探索的大事情。

现代社会,专业分工日益细化,专业服务已成为繁荣服务市场的重要手段。建设科技服务市场,需要对技术市场进行深度培育与扶持。通过激励与规范技术市场活动和服务机构与服务人员的行为,将各种生产要素和服务要素整合起来,提升科技服务市场功能,把服务内容、服务质量、人才队伍培养、服务机构标准化,纳入一体化的规范管理中。整合资源时,要注意以下两点:一是根据产业链需要,将专业服务力量组织形成上下连贯的集团型服务团队,便于科技服务市场开展具有一定规模的链式服务。二是将各地的技术市场硬件资源集约形成网络,按市场规律共享共用,使其成为科技服务市场的坚强后盾。例如,"中国浙江网上技术市场""北方技术交易市场"等区域性场馆设施,已在国内形成影响,其硬件设施多为国有资产,理应可以在国家统一协调下,实现功能整合。我国技术市场走完40年历程后,政府在新时期仍将继续培育和推进我国技术市场健康繁荣,全面实现科技成果产业化这一重大目标,只要这些平台谋划得好,就能成为当中的一项重要工程。

第三节　科技服务链式化

在技术市场中,科技服务是生产要素。一个功能强大的服务市场的崛起,若干支优秀的科技服务队伍的形成,众多阵容庞大的专业化服务组织与机构的涌现,并能通过市场配置和自由组合,形成符合产业链要求的战役型服务团队,这些都将在我国的技术成果转化进程中起着十分关键的作用。

技术成果向生产力转化的渐进性、过程性和风险性的规律特征,决定了科技服务必须与之相适应。一个有科学构架、功能强大,能为技术成果转化提供高标准、高质量服务的链式服务体系,是未来科技服务市场崛起的显著特征,是新时期促进我国技术市场发展和成熟的历史必然。因此,建设功能强大、具有链式服务功能的科技服务团队,让我国技术市场在新的历史时期获得新生与繁荣,需要我国政府高度重视,尽快培育和建设。

技术从完成研究成果,到进入市场开发的转移,直到成为市场需要的产品、形成产业,整个上下游之间的演变,有其特定的技术要求和市场规定。这一技术转移转化形态的演变过程,是一种上下游紧密联系的链式运动。科技人员和许多与之相关联的企业家、投资者以及市场经营人员等,都是这个长链中的主角。他们进行的是一种分工明确、职责分明、配合默契的活动。这种按技术成果转移转化规律所进行的活动,就是科技成果完成研究,进入开发、生产中进行转移、转化的链式运动,业内称其为"技术转化链"。

技术从创意、图纸到产品,再到形成商品、实现产业化,这是一个从产品制造到量产的产业化过程,存在上下游的市场分工,遇到的是上下游之间的生产配套、合作与服务。这种研究开发和生产过程中的合作与服务链接,有它固有的特点和规律,业内称其为"产业链"。

技术市场中的"转化链"和产业化生产过程中的"产业链",相互依存,相互作用,互为条件,融为一体。科技服务链必须出现在技术市场的运动中,为"转化链"和"产业链"这两种链式劳动提供服务。它是为技术产业化提供系统性服务形成的技术市场活动,是技术市场的特殊服务形式。它是调动智力资源最丰富、使用手段最先进、协调组织最复杂的一种智力型服务活动。

科技服务链是科技服务市场崛起的"加速器",是推进中国技术市场在新的历史时期获得新的发展和繁荣的重要内容,是促进和保障技术成果转化的重要条件,是提升和丰富公共服务平台内容、能力与水平的极好形式,是转化主体普遍存在问题又十分渴望解决的服务要件,更是在科学技术日新月异、国际竞争日益激烈的今天所必须解决的问题。它为解决我国技术成功转移和转化提供切实有效的服务保障,自然也成为中国技术市场走向成熟的标志。

第四节 我国科技服务业的问题与展望

在我国技术市场活动中,为技术转移和转化提供服务,是专业性和技术性强、要求复杂、链接严密、管理严格的系统工程。一个无法提供符合产业链需要的服务市场,一个无法符合技术转移规律的"断链"服务,就好比理发师傅只会理发、不会洗头,用户不会欢迎。因此,培育和建设符合产业链需要、符合科技转化规律的科技服务市场,已是新时期中国技术市场不容忽视的工作之一。一个地区科技服务的质量水平,决定着该地区技术市场的发展和成熟程度。

当前,在我国科技服务业中,服务机构和人员队伍的情况不容乐观,规模小、队伍散、服务乱、水平低、口碑差,已成为社会对科技服务的总体评价。综合全国的情况,我国科技服务组织在结构上大致分为4类:第一类是政府授意"出生"的组织。此类组织当中,有的甚至就是政府投资注册,人员来自机关事业单位,主要为机关做事。此类组织经济上实行"双轨制",有政府资助,又能利用市场创收获益,社会上冠以"红顶"之名,让许多民营服务机构羡慕。第二类是人员资质、服务标准规范、成熟的组织。像资产评估所、会计师事务所、律师事务所、专利事务所和知识产权事务所等,对人员资质和服务规范都有明确的专业要求。它们已融入市场,成为较早步入现代服务业市场的生力军,是我国技术市场服务体系中的中坚力量。第三类是自然人合伙投资的组织。此类组织的人员大多来自科研部门。他们普遍是一面到企业"找活",一面设法到政府"捡漏",没有事业费,单纯靠帮企业报项目获益,收入捉襟见肘。第四类是科技服务机构"名实难符",实际上是"借牌开业""借名开业"和"借人开业"的组织。此类组织的人员杂,有的靠拉专家、领导撑门面、揽业务,为企业跑"部"立项、推销产品、拉广告,基本上是"什么来钱干什么"。由此可见,技术服务业主要存在以下问题:一是服务内容单一。一些人只会写立项材料,一些人则成了帮企业跑项目的"专业户"。二是服务对象偏移、错位。科技服务理应面向企业这一转化主体,可一些人受限于知识与能力,无法与企业家沟通,无法为企业提供全方位链式服务。三是方式被动。受服务技术和水平限制,一些人对市场需求不敏感,没有业务专长和特色服务,没有"绝活",没有品牌。四是服务技术不配套,"断链"服务企业不欢迎。所以,我国的科技服务市场长期处在服务链的低端,跟不上经济发展的步伐。

当前,我国科技服务在传统思维的误导下,看重"红顶"服务,很多时候谈不上什么服务规范和质量标准;科技服务成了"找路子"、托关系的行当,订立技术合同时随意约定条款,导致合同纠纷频发……服务市场的这种种无序现象,与政府对技术市场的规范管理不力直接相关。此外,各地服务设施"投入大方"、建设分散、空转闲置等现象严重。科技中介遍地皆是,且缺乏专门业务,评价体系和服务标准也尚未建立,服务好坏无法判定,社会上打着帮企业立项、融资旗号的"个体户"满地乱跑……因此,我国科技服务业中这种"国家缺规划、人员缺训练、市场缺规范"的管理缺失,制约着技术市场的发展,应引起高度重视。

通过政府的统筹兼顾和长期谋划,运用市场机制,把提供科技服务的硬件设施与服务体系中提供优质服务的软件,进行资源整合、有序管理,促进科技服务产业的健康发展和繁荣,为解决科技与经济"两张皮"问题,提供有力的服务支撑,已成为政府管理服务市场的重要职责。从提高认识的角度,就科技服务市场未来的培育与建设问题,提出以下展望。

一是充分认识技术要素的特征及其在转化中的特殊性,科技服务活动要符合产业链的需要。

科技成果转化在漫长复杂且充满变数的过程中,其失败风险会在整个转移转化进程中随时发生。技术市场要求科技服务必须是团队服务、链式服务、全方位服务和全程服务,以便人们利用这些服务去适应和解决技术在进入市场之后的产品研发与产业化中遇到的诸多困难。科技服务人员与机构,在市场经济环境中要接受市场锻炼,增长相关知识,增添专业技能,展示服务能力、提升服务水平和创立服务品牌,需要经历一个必要过程。

二是充分认识为科技成果转化提供服务,是一种动员生产要素市场、组织生产要素资源,开展"协同作战"的经济活动。

技术成果从实验室走进技术产业化,一路险象环生,科技服务要通过将各种生产要素组合成同一目标下的良性互动,来解决转化主体的众多困难。专业化的服务是组织服务资源,提供全方位科技服务的基础与前提,体现了科技服务机构"抱团作战"的能力,实现了科技与经济、金融、人才的无缝对接和融合,目标是实现科技成果的转化,即产业化。

三是充分认识科技服务在内容和服务方式上的多元化、专业系统化和组织一体化,决定着服务机构的市场价值。

科技服务在多层面的立体构架中运动,根据不同的标准可作不同划分,如综合性服务,单项性服务;纯智力咨询服务,纯技术服务;劳务性服务,工匠性服务;有资质的专业化服务,业务性服务……不同内容、方式、手段和效率的服务有不同的劳动价值。科技服务机构和服务人员,能为用户提供何种服务,用怎样的方式或手段提供服务以及服务品质能给用户带来什么,都将成为评价与体现服务机构能力与水平的标准。

四是充分认识建立对科技服务机构和服务人员的评价制度的重要性,并在实践中遵循以下原则。

第一,培养新时期的科技服务业,必须冲破计划经济体制障碍,把立足市场经济条件下的健康发展作为基本目标。依托市场,熟练掌握市场营运技能,走服务业市场化之路。第二,从提高人和机构素质核心要素入手,必须把提升科技服务机构骨干和领军人物的服务能力与水平作为评价的基本目标。推进服务业市场服务质量和效率提升,是提升科技服务业水准,跟上国际服务业发展步伐的根本出路。第三,加快培育现代服务理念,把互联网、大数据分析等服务工具,作为当下科技服务业的基本手段。注重案例评价,注重正反服务数据与信息的客观分析,对整个科技服务进行客观评价,以检验结论的有效性。第四,要把科技服务机构的体制结构和运营机制,服务团队的素质与整体服务能力,服务手段与服务活动的管理环境,主管与服务骨干的素质及其在评价体系中的地位,成功案例与服务教训对业绩的影响等5个方面,作为评价要件。对服务的直接收益与间接(社会)效益、智力性效益与其他收入,作出科学分析与评价,增强评价的社会公信力。

五是充分认识科技服务业发展制度设计的重要性,并能在实践中作出以下安排。

第一,推进科技服务业发展与加大供给侧结构性改革结合,提高科技服务资源的配置效率,注重各类科技服务组织与机构的"抱团"合作,鼓励不同专业和门类的服务机构在各种不同的服务环节上的互动与无缝对接,营造良好的科技服务环境,提高整个科技服务市场与其他要素市场的互动水平。第二,加强专业化服务人才的培养,加快综合性服务机构培育和公共设施的建设步伐,提升科技服务市场的整体作战能力。加强对提供综合性服务的高端人才的培养,形成强大的高素质高端科技服务人才队伍。加强公共性服务资源整合,吸引各类科技服务从业人员和转化主体,进入区域性公共服务网络和公共服务平台活动。第三,注重开放式科技服务市场的培育,熟悉国际规则,拓展国际技术转移渠道,推进科技服务业国际化。紧跟经济全球化带来的开放的经济发展模式,通过对科技服务的评价与规范,引导各类科技服务机构大胆探索国际科技服务的规律与路径,接轨国际服务业。第四,政府推动、引导市场广泛参与,形成公益性服务与市场化服务结合的服务体系模式。对服务质量好、社会评价好、群众和企业认可度高的优秀服务人员和科技服务机构,予以品牌认证,并给予鼓励。对服务人员素质高、服务质量好、用户口碑好的服务机构与组织,予以大力的经济资助与表彰奖励。第五,加快立法进程,将科技服务业的市场准入和规范化、标准化的服务纳入制度化与法制化管理,使中国的科技服务业市场机构体制不断完善,机制运行更为顺畅,专业人才素质和能力不断提高,为科技服务业市场的管理制度化、服务行为规范化奠定良好的基础。

第十章　政府对技术市场的管理

自改革开放以来,中央十分重视技术市场的发展。在国家提出开放技术市场后,中央就技术市场的定位问题进行了不懈的探索。从20世纪80年代"技术市场是我国社会主义商品市场的重要组成部分",到党的十三大后上升为"技术市场是生产要素市场"的理论高度,这些理论观点在历届中共中央全会、历届中央领导和多位国家领导人的报告中得到高频率的重申,这是非常不容易的。在进入全球化的国际背景下,我国政府领导人提出并把技术市场定位为"社会主义的重要生产要素市场",是十分正确的。这些具有远见卓识的光辉论断,反映了我党从中国国情出发,在市场经济条件下,在理论上的重大创新和在实践上的高度自觉。

在市场经济条件下,让技术市场在促进技术成果向生产力转化和振兴国家经济中更好地发挥作用,政府管理是关键。邓小平曾经在全国科学大会开幕式上这样强调过:"能不能把我国的科学技术工作尽快地搞上去,关键在于我们党是不是善于领导科学技术工作。我们的国家进入了社会主义革命和社会主义建设的新的发展时期。……适应这个新形势新任务的需要,我们党的工作重点、工作作风也都应当有相应的转变。"他还说:"应当老老实实地承认,在科学技术工作中,我们有许多东西还不懂。即使懂得,也不能事事都由党委来办。要有分工负责,要从上到下建立岗位责任制。这样工作才能有秩序,有效率,才能高速度地发展,才能职责分清,赏罚分明,不致拖延推诿,互相妨碍。"

在新时期政府技术市场管理中,打破旧的管理思维至关重要。我国改革开放已有40余年,建立社会主义市场经济体制也有20多年,但是计划经济管理体制下形成的旧的思维方式和工作习惯,不可能随着旧体制的告别一下子清除干净。在技术市场的管理问题上,脱离旧体制而向新体制过渡的这种变革,并不比破坏旧世界容易,要避免打市场经济的招牌做计划经济的事,并不是那么轻而易举的事。在新时期,政府在技术市场的管理上,管什么?怎么管?政府面临的是思维方式、管理理念、管理方法、使用手段、行政习惯等方面的严峻挑战,这些问题还是需要通过深化改革去解决。

技术市场作为市场经济的重要组成部分,要按照市场经济的规律和要求进行管理。根据国务院的职能分工,国家科委负责全国的技术市场管理。全国各地、各级政府,依据国家有关法律、法规与相关政策,负责对本地区技术市场工作进行管理。主要是对技术市场工作作总体规划,对技术市场建设进行悉心培育,对技术转移和转化活动进行组织引导,对违背市场经济规则和技术转化规律的不当行为进行干预,对技术交易活动的主体和行为进行监控,以营造有助于促进技术转移转化的环境,加速我国技术成果的商品化、产业化和国际化,为推进科学技术向现实生产力转化提供服务。

第一节 技术市场管理的特征

根据市场经济的要求和技术市场工作的自身规律,政府对技术市场的管理工作需要在以下3个方面作出安排。一是中央关于"经济建设必须依靠科学技术,科学技术工作必须面向经济建设"的经济工作总方针,这是政府管理技术市场中统揽全局的工作方针。二是中央关于"尊重知识、尊重人才"和国务院关于"放活科研机构,放活科技人员"的政策,是激活技术市场创新源头的一项重大措施。一切有利于激励科技人员和研究机构创造性、积极性的事积极做、创造条件做。凡是阻碍和不利于调动广大科技人员和企业家转化技术积极性的事不做,而且还要加以限制。三是国务院发布"放开、搞活、扶植、引导"的技术市场"八字方针",是指导管理技术市场开展工作的基本原则。根据上述原则和技术市场工作的特点,全国的技术市场管理工作主要应在以下5个方面行使职能。

一、设计规划职能

一个开放、有序、规范的技术市场宏观环境,是保证技术市场健康发育的关键要件。培育和营造体系完整、运行顺畅的技术市场宏观环境,也是实现技术转移和转化的重要条件。根据市场经济规则和技术市场运行特点,国家对技术市场的管理必须从国情出发,通过制定发展规划和市场指导性计划来实现,并要循序渐进,做到健康有序。

自1985年中央作出《关于科学技术体制改革的决定》,中国掀起了轰轰烈烈的技术商品化热潮。为鼓励人们的创造性、积极性,实现技术成果转化的决心,国务院出台了技术市场工作的"八字方针",为萌芽时期的技术市场指明了发展方向。国务院还批准了全国技术市场的发展规划,成立由国务院各主要部委联合组成的全国技术市场协调指导小组,制定有关政策法规,实施对全国技术市场的宏观指导,成效十分显著。在当时,全国各省、直辖市、自治区政府也都相继成立类似的领导机构,在指导、协调、推进我国技术市场的初步发育和发展上发挥了重要的作用,为技术市场的迅速形成提供保障,为实施"科教兴国"战略提供经验。1988年2月这个极具权威性的全国技术市场协调指导机构,在国务院机构改革时被撤销了,此后,全国技术市场红红火火的局面受到了一定影响。

二、组织引导职能

技术商品化的实现,是实现中国经济振兴、中华民族伟大复兴的必经之路。在今天看来,这似乎容易理解,但在20世纪70年代末、80年代初那个时期,认识过程是痛苦的。对于这样一个关乎民族、关乎国家命运和前途的重要命题,国家领导人再三强调,宣传机器开足马力,各级政府组织引导,带领全国人民特别是组织科技人员走出实验室到市场中实践、闯荡,体悟中央的重大理论和战略决策。那种市场气势和那种社会热情,成了那个时期中国技术市场能够红红火火的根本动力。

20世纪80年代初,凡是从计划经济体制过来的人,对"技术也是商品"的观点认知是模糊的。特别在"谈商色变""谈赚钱色变"的年代,商品流通被老百姓认作与"投机倒把"同理。这时,国务院和国家科委、国防科工委等部门,通过联合举办一系列全国规模的科技成果展览交易会,用实际行动说服和告诉民众,技术也可以到市场有价转让,这让参会者开阔了眼界,也让科技人员兴奋不已。例如,1985年3月国家科委、国家经委和国防科工委三家联合在杭州召开的全国首届军转民技术展览交易会,同年5月在北京召开的全国首届科技成果展览交易会,1989年5月由国家科委、中国技术市场报社和浙江省人民政府在杭州联合举办的"全国首届星火计划展览交易会",以及在深圳、武汉、沈阳、西安等地召开的各种技术交易会、展览会等,都起到了明显效果。通过组织这些活动,政府出面把科技成果推向市场,形象地向国人展示,技术可以交易,并为技术供需双方在市场上依法依规开展自由交易鼓劲、打气、壮胆,为技术市场在中国立足、立身作出引领和示范。特别在人们对商品经济还提心吊胆的时候,从观念到行动,完成了一场脱胎换骨的行为革命。这样的引导和引领,让老百姓从此知道"技术也是商品",领悟"知识也有价值""知识分子也是工人阶级的一部分",知识分子的劳动同样有价值和使用价值。科技成果是知识产品,可以入市流通、交换、转化,成为满足人民需要的物质产品,变成真正意义上的现实生产力。

三、控制管理职能

按照人们的通常理解,市场就是商品交易的地方。可是,技术在技术市场中的流通和交换,强调的是营造技术转移的一种环境。中央提出的"技术也是商品",从本质上讲,它是告诉人们,技术在商品经济时代,也有价值和使用价值。从这个意义上讲,"也是商品"与"就是商品",在语意上应该是有区别的。技术具有自己特点,在市场中转移、交流和完成交易有其自己独有的规律。因此,这种特有的交换规律、交易环境,需要与之相适应的特殊管理系统对技术交易行为进行引导和控制。据此,国家颁布了一系列的法律、法规与政策措施。例如:1982年,国务院提出"四个转移"后,国务院紧接着就颁布了技术转移管理的一系列文件;1984年,国家颁布《中华人民共和国专利法(草案)》。1985年,国务院出台《技术转让的暂行规定》,批准国家经委《关于改进技术进步工作的报告》和《关于改进技术进步工作的若干暂行规定》。国务院还出台《国家技术引进合同管理条例》。1986年,国务院批准国家科委颁布《关于实施"星火计划"的暂行规定》和《进一步推进横向经济联合若干问题的规定》。同年4月,国务院发布"扩大科研机构自主权的规定"。为鼓励老科技人员发挥余热,中共中央和国务院共同颁布《关于发挥离退休专业技术人员作用的暂行规定》和《开拓国外技术市场,加强技术出口管理的规定》。同年,全国技术市场协调指导小组发布了技术市场工作"八字方针",等等。这些规定和办法,对控制技术市场的有序运行、促进中国技术市场初级阶段的健康发展,起到了重要的作用。

那时由于国务院《关于技术转让的暂行规定》的颁布,才有了中国科协关于科技咨询工作方面的规范性文件,为指导科技人员转让技术提供了规范和市场管理基础,对推动技术市场活动起到重要的作用。特别是《中华人民共和国技术合同法》的出台,使科研机构和科技人员的实验室技术入市有规、交易有法,其中的许多条款具有专有性和很强的操作性,因此,它的诞生,无论是在科技界还是在法律界,无论是在理论上还是在实践上,对中国技术市场的培育与建设,都是一大贡献。它的许多条文以后都成为《中华人民共和国合同法》的内容,为后者的诞生做出了重大贡献。所以说,加强对技术市场的管理与控制,其实是在营造技术市场的法制环境和技术转化环境,这才是中国技术市场内涵的真谛。

四、激励鼓励职能

技术在推进科技进步和经济发展中,发挥着先导性作用。40年实践证明,单一的技术要素市场无法实现成果的转移和转化。组织、引导其他生产要素市场的共同参与和运动,是技术市场的重要任务。驾驭、把握技术市场的运动规律,把握和运用能与技术市场互动和融合的其他生产要素市场的运动规律,需要通过政府的政策引导与扶植、规范与管理才能实现。

我国技术市场开放初期,为了扶持、培育技术市场,国家出台了许多相应措施。例如,财政部从税收减免的角度,制定技术贸易减免税政策,调动技术研究开发人员开展技术转让、技术开发、技术咨询和技术服务的积极性,营造技术市场的良好氛围,促进技术市场初级阶段的健康发展。今天的人才市场、资本市场已今非昔比,特别是资本市场这几年崛起的速度和气势,已远远超过当年技术市场的活力。现在,不是技术项目找不到钱,而是投资者找不到好项目。在市场经济体制建立的今天,市场需求决定技术的使用价值这一原理,已深入人心。科技领域还注意对长期从事技术市场工作的人员和领导的奖励,专门设立金桥奖、功勋奖、成就奖等奖励措施,极大地推动了技术市场的发育、发展。

五、领导指导职能

技术市场管理,其实是对以技术为主导的生产要素市场的管理,这是政府的一项重要工作,需要从体制到方法作出制度安排。1988年,国务院撤销全国技术市场协调指导小组,国家科委的全国技术市场管理办公室实行了"一个机构,两块牌子"的体制,违背了技术市场管理实行"管理与经营分开"的市场规则。虽然1998年将"办公室"牌子收为科技部的内设机构,但后来又并回到事业性质的单位。这一过程本身反映了国家相关部门对技术市场管理工作、管理职能的迷茫,至少是缺乏认真研究和对做好技术市场管理的认识,某种程度上,也是对技术市场在市场经济条件下的管理是政府职能还是非政府职能的问题,拿捏不准。

加强新时期我国技术市场的管理,必须从国家层面,按照历次党代会对生产要素市场的多次论述,在体制上理清思路,工作上加强力度,方法上提高水平,以适应新形势下政府管理市场的需要,恢复政府在市场经济体制下对技术市场管理的领导形象。

第二节 技术市场管理的思路与内容

市场经济体制下的各种市场主体和客体,在各自运行过程中的特殊性,决定着国家的管理思路与内容。一般来说,国家对生产要素市场的活动,主要是行使规划、组织、规范、调控、激励和领导等方面的管理。

随着市场经济体制的建立与完善,我国对技术市场的探索与实践也出现了许多新情况,发生了许多新变化。究其管理原则而言,遵循技术市场的基本规律,依然还是技术市场管理设计和制度安排的基本内容。根据我国对技术市场的管理特点和分类,技术市场管理的具体内容主要分为以下几点。

一、对人、事和技术要素的管理

（1）对人的管理,是指对技术市场的活动主体,也就是技术转移的交易主体的管理。技术在以商品形式参与市场交易时,技术的拥有方（研发人员）、出让方、受让方（企业及相关创业人员）、参与交易和交换活动的中间方（技术服务人员）,以及各类参与技术市场交易与活动的人员,包括政府管理人员等,都成为技术市场管理的对象。

（2）对事的管理,是指对与技术市场活动相关的所有活动的管理。包括技术市场工作的管理者、经营人员的业务培训；技术市场活动从业人员的资格考核、确认；对参与技术市场各类交易活动和服务活动等行为进行的管理,如大规模的境内外技术交易活动的管理；技术市场活动平台建设的规划与管理；本地区技术交易活动情况的统计分析；等等。还包括对技术市场活动中不端行为的监控；对技术市场活动中的相关纠纷,在工商、司法机关参与下的调处；对技术市场活动中成绩显著的个人和单位的奖励；对违反国家和地方技术市场管理规定、影响技术市场声誉的个人与单位的批评和处理等。

（3）对技术要素的管理,包括在技术进入市场流通后,对其先进性的鉴评、权属的界定、技术流向的监控、技术合同的认定、技术保密性的鉴定、技术价值的评估及技术交易的合法性监管等涉及技术要素本身诸多权益方面的管理。

二、对技术出让方、受让方、交易中介方和技术市场管理人员的管理

（1）对技术出让方和受让方的管理。技术的拥有方、出让方和受让方,

都是技术市场活动的重要主体。政府加强有关技术市场和法律法规方针政策的宣传,加强相关技术市场知识的培训,让技术市场活动的主体了解乃至熟知技术的特征和技术转移的特点、规律,熟知技术市场的道德规范,树立良好的交易形象,维护技术市场的交易秩序,从而推进技术市场的稳步健康发展。

(2) 对为开展技术转移活动提供服务方的管理。科技服务方是技术转移中起关键作用的队伍,其素质的优劣直接影响技术转移和转化工作的成败。这支队伍曾经在技术市场信息网络和技术水平相对落后的情况下发挥过作用,但随着信息技术的发展和互联网的出现,渐渐失去了当年的价值,"约定俗成"地成了我国当今科技服务业中受人忽视的成员。在培育建设新时期科技服务市场的同时,关心和重视这支队伍的素质提升,具有同样重要的意义。这支队伍在未来服务市场中的能力与表现,包括人员素质的优劣、服务质量的好坏等,都直接影响着技术市场的信誉,关系着政府在技术市场的管理中的形象。因此,在技术市场管理工作中,重视这支中介队伍在内的科技服务队伍的培训、资质认定和业绩考核等,是新时期技术市场管理工作十分重要的内容。

(3) 对技术市场管理人员的管理。国家政府机构中从事技术市场管理的工作人员是中国技术市场领域的中坚力量,是我国技术市场的专门人才,是技术市场领域的专家。教育者先接受教育,技术市场的管理者也得先接受教育、接受培养和管理。他们除了要具备国家公务员的基本条件外,还要熟悉国家法律、法规与当时当地的相关技术市场政策,了解技术市场发展史。熟悉技术市场的理论知识,了解各类专业技能知识,有专业知识或科技管理背景。熟悉市场经济知识,熟知市场经济与技术市场和其他生产要素市场之间的关系。熟悉或了解技术从研究开发到市场转移、转化全部活动的路径、特点和规律。对在技术市场发展进程中遇到的挫折与问题,要善于总结,善于学习,保持较强的市场意识。

三、开展政策管理、机构管理、活动管理和行政行为的管理

(1) 政策管理,是政府管理的主要职责。调查研究,听取意见,结合实际,研究出台适合时宜的技术市场政策,是政府技术市场管理人员的主要工作。同时,还要对本地区的技术市场活动,实施依法、依规的严格管理与监

督,对违反规定的行为,及时予以制止与纠正。

(2) 机构管理,主要是指上级机关对下一级技术市场管理机关的指导与管理。同时,还要负责对本级本地管理范围内的所有参与技术市场活动的机构与组织,依法、依规开展管理。例如:资格审定、业务指导、行为监控和违规行为的查处等。

(3) 活动管理,是指对技术市场领域中所有活动的管理与监督。通常包括技术完成研究,形成可以转移的技术(走出实验室),进入市场流通、交易、交换,订立合同、履行合同及纠纷调处等全过程。其中包括对为技术在流通过程中提供服务的机构和人员的管理与监督。还包括协助对外经贸机构,就技术进出口的活动,如知识产权、技术保密等工作的监管及技术流量、流向等方面的业务协助管理。

(4) 行政行为管理,是指上级技术市场行政管理机关,依据政府赋予的职责和权限,对下一级管理机关的活动进行管理、监控和业务指导,并向同级政府报告工作,提出在技术市场管理工作中对成绩显著的个人和单位给予奖励等建议。

在 1988 年前,我国技术市场的管理应当说是卓有成效的。对于技术市场的性质与定位问题,党的十三大以来的许多文件都有清楚表述,历次党代会报告对市场经济和社会主义生产要素市场也都讲得非常到位。但后来由于机构改革、部门设置变动,全国技术市场的管理工作开始走下坡路,步入了低谷。究其原因,还是管理部门对技术市场的定位和性质、对生产要素市场的内涵与功能,还缺乏足够的认识。从一定程度上说,在机构变革中,对于旧体制固有的和体制转变过程中形成的各种不合理的利益格局所带来的困难和阻力,缺乏解决的勇气和应对的办法。

所以,认真研究和重视技术市场的政府管理,认清技术市场有别于其他生产要素市场的不同特征,理清技术市场与市场经济体制之间的依附与促进关系,认识技术市场与各种生产要素市场之间的互动与融合关系,以及认清政府抓好技术市场管理的必要性,已经成为市场经济环境下国家必须重视和解决的当务之急。当然,解决这个问题,从根本上还是要从理解和学习市场经济问题入手。

技术市场与其他生产要素市场一样,都是市场经济的产物。生产要素市场的繁荣程度,在某种程度上也取决于市场经济的成熟程度。要是政府管理能够顺应市场经济规律,那么技术市场的发展步伐就会更稳健,对经济发展的推动也会更自觉。否则,技术市场发展和成熟的速度就会减缓,这是不以人们意志为转移的。

第三节　中国技术市场的工作体系与问题

在党中央、国务院的领导下,技术市场已成为国民经济建设中进行资源配置的重要手段,全国技术市场以行政管理为主体的格局和体系已经形成。

一、全国垂直型的行政管理体制已经形成

这个体系是20世纪80年代初,根据国务院"放开、搞活、扶植、引导"的技术市场工作方针和《技术市场管理暂行办法》的规定建立并形成的。国家管理办法要求,各级各地主管部门加强对技术市场的管理,其他经济、工商、财政、税务等部门,按照各自职责协同国家技术市场管理办公室,管理全国的技术市场工作。这个体系贯通全国省市县各级,至今在格局上没有太大变化,但管理力度已明显减弱。

据统计,全国省市县各级现有技术市场管理机构共1 536家(县级1 121家)。属于行政性质的机构1 121家,占73%,挂政府"技术市场管理办公室"牌子的只有314家,仅占20%,以"中心"命名的机构有101家。这些机构中许多是以"两块牌子,一套班子"的做法,勉强地担负着技术市场的部分政府行政职能。

二、技术市场的法律法规体系已初步建立

以《中华人民共和国专利法》《中华人民共和国技术合同法》《中华人民共

和国科学技术进步法》和《中华人民共和国科学技术成果转化法》等为代表的主要国家科技法律的出台,技术市场活动的法律保护进入了一个全新的阶段。1999年3月,全国人大通过《中华人民共和国合同法》,实行三法合一,把原《中华人民共和国技术合同法》从单行法上升为基本法,技术合同的规范得到了进一步提升,技术合同法律规范从仅适用于中国境内,拓展到适用涉外的技术合同,成为我国技术市场发展中重要的历史性变化。随着技术市场政策的不断完善,国家在财政上对技术市场的扶持政策,继续坚持中央的"八字方针"。全国各地都出台了许多相应的技术市场管理条例和优惠扶持政策,对加强我国技术市场的规范化管理起到了一定作用。

三、技术市场的信息系统建设不断完善

技术交易会是我国技术市场交易活动的最初形式。20世纪80年代,交易会的规模和举办频率都是空前的,几乎每个省都搞得轰轰烈烈。后来逐渐发展成了常年不散的常设市场,像北方技术交易市场、南方技术市场等国家级的技术市场,在国内都产生了一定影响。

随着信息技术和网络技术的发展,全国许多地方新建了科技信息数据库和网上技术信息传播平台。如浙江的"中国浙江网上技术市场"、深圳的南方技术市场中的"网上技术联播"等,都是利用网络技术为传播技术信息提供服务。"中国浙江网上技术市场"经科技部批准已成为全国首家以市场组织系统与技术网络系统相统一、以技术买方需求拉动技术卖方供给为主要特征的最具典型意义和创新内涵的技术市场信息服务平台。天津市北辰区的农业科技信息进村入户的"村村通"工程、浙江省衢州市的"农技110""工业110"等,都把网络技术应用于技术信息的传递,取得了明显效果,使技术市场的交易形式和活动多样化。

四、农村技术市场的试点工作卓有成效

自从技术市场在中国出现,国家科委结合"星火计划"的实施,利用在农

村和农业战线上的农技员队伍与农业服务体系,开展农村技术市场的工作。到1996年,国家已先后在六省一区202个县市区的农村,开展农村技术市场试点。通过培育农村技术市场,用市场机制改变传统的农业科研和技术推广体系,扩散先进适用的农业适用技术,培养适用的农业技术科技人才,促进农业的产业结构调整,使广大农民和农技人员的观念、农村农业的增长方式都得到了根本改变,农业科技成果的转化速率加快,用科技改变农村农业面貌、改变农民生活质量。

五、国际技术交易与合作日益加强

在我国技术市场开放之初,国际技术贸易工作是以"四个转移"为先导,由科学技术部和对外贸易经济合作部携手,与对外开展"三来一补"、引进样品等相关经贸工作结合,而逐渐发展起来的。我国技术贸易额的增长,除了科学技术部与对外贸易经济合作部的通力合作,技术市场管理的发展、国家政策的出台和技术合同主体的变化也是重要因素。技术交易从原来以科研单位和科技人员为主,逐渐转向以企业为主体。1999年科学技术部和对外贸易经济合作部共同发布《关于推动高新技术产品出口的指导性意见》,2001年科学技术部与对外贸易经济合作部、经贸委、信息产业部联合发布《科技兴贸"十五"计划纲要》,而后又与对外贸易经济合作部、信息产业部、国家统计局和国家外汇管理局联合发布《软件出口管理和统计办法》,并与对外贸易经济合作部联合发布《禁止出口限制出口技术管理办法》及《中国禁止出口限制出口技术目录》等。这些政策的出台与经贸工作的结合在保证技术市场健康发展前提下,对促进国际技术贸易额增长,增加技术出口,起到了重要作用。

六、科技社团和科技服务组织发挥着重要作用

在新形势下继续推进技术贸易和产权交易,是技术市场的中心任务。为

了完善高新技术产业的发展环境,建立高新技术投资机制,国务院在1999年出台了《关于建立风险投资机制的若干意见》,全国共建各种科技风险投资企业近百家,对推动和加速我国的科技成果转化起到一定作用。特别是国务院发布了"加强科技服务业若干意见"之后,科技部制定并发布了"现代服务业科技发展'十二五'发展规划",我国的科技服务机构发展迅猛,技术产权交易机构快速发展,科技服务人员队伍不断壮大,他们在技术市场中,为引导科技人员面向经济建设主战场,加快科技成果的转移与转化步伐提供服务。

科技社团作为科学技术共同体是科学技术发展到一定阶段的产物,通过其活动和行为规范影响与塑造着科技社会的文化环境。新中国成立以来,我国的科技社团在党的领导下,专业化程度日益加深,组织建设更加规范,在服务国家的总任务中发挥了很好的助手作用。在主动融入我国政治经济大环境、促进学科发展、普及科学知识、推动生产实践和国际交往方面,发挥了许多不可替代的作用。特别是改革开放以来,科技社团在咨询、项目论证、成果鉴定、技术水平评价、协助企业开展技术开发等方面,开辟了服务科技经济社会发展的新路径。由民政部批准成立的中国技术市场协会,成为联系全国技术市场工作者的重要纽带。许多省、市、自治区也都成立了技术市场的协会、促进会等。这些科技社团已经成为本地区开展技术市场理论研究和学术讨论、技术交易交流活动及提供服务的民间组织。从性质与功能上看,科技社团可以做一些政府做不了且没有时间做的为市场服务的工作。当前,各级政府需要关注、重视和支持行业协会的工作。技术市场作为市场经济的重要组成部分,十分需要加强政府管理,捋顺不畅关系,通过市场经济自身的容错能力,改善我国当前面临的技术市场工作边缘化状况。

但是,由于技术市场管理乏力,目前全国技术市场服务与经营组织发育并不理想。各类机构长期各自为政,自我封闭,服务活动"单枪匹马""散兵游勇"。各地科技部门扶植起来的中心或公司,服务内容同质化严重,有的机构戴着"红帽子",靠主管部门给任务,成了"红顶商人"。我国科技服务市场除了专利和知识产权机构、会计师事务所等,能够承担技术成果转化的专业化、系统性服务外,多数服务机构至今没有完整的工作体系、规范的服务制度、统一的服务标准,这是当前全国技术市场中迫切需要解决的问题。

第十章　政府对技术市场的管理

回顾我国技术市场40年历程，从理论和实践层面上看，技术市场工作至少在以下几个问题上陷入了误区，必须从中吸取教训。

（1）理论上的误区。"把技术当商品""把市场当商场""把转移当转化"，这是技术市场工作在理论上的3个陷阱，长期困扰着人们。

改革开放以后，中央提出的"技术也是商品"，一度成为推进科技人员和研究机构进入经济建设主战场的强大动力。但是，我们必须认清中央提出这个观点的时代背景和主要目的。中央寄希望于人们能够尽快将长期封存在实验室里的"三品"，即科技成果的展品、样品、礼品，早日推向市场，实现向现实生产力的转化；以此彻底改变知识分子的地位，让社会承认从事科学技术研究的活动也是劳动、也有价值，在商品经济环境下，其劳动成果也应当进入流通领域进行交易和交换，让具有价值的知识（技术）入市交易，以特殊商品的形式进入流通，转化为生产力。但是，必须清楚技术的使用价值，是要通过完成转移、实现转化之后才能实现的。一项技术要是没有市场应用，不能转化，就说明该技术分文不值。这种没有市场应用的技术，其入市交易的本身就没有意义，交换也就不可能实现。技术市场，作为在市场经济条件下能够在资源配置中起决定作用的生产要素市场，不是一种供商品交易的商场。当人们误把技术当作商品，才有了"商品进商场""技术交易就是商品买卖"的误解。由此，错认为技术市场即是买卖技术的"商场"，继而才出现了技术进市场（商场）就是技术转移、技术转移也就等于是转化的错误认知。

（2）实践上的误区。在技术市场的实践中，有3个陷阱。一是把科技服务机构帮助政府做事、干活，当作科技服务；二是把技术成果的转化和产业化工作，当作研究机构进入经济建设主战场的主要任务；三是把政府对技术合同认定登记的合同统计数当作了完整的技术交易额，并任意使用。

在市场经济条件下，技术创新和技术转化的主体是企业，科技服务是一项面向企业、面向研究机构的活动。可是，当前一些科技行政机关把许多事务委托给科技中介机构，一定程度上引歪了科技服务的路子，长此下去，容易导致科技服务市场能力的丧失。从技术转化主体角度考察，科研机构与企业原本是两个不同的社会主体，在技术成果研究、开发和转化上，两者职责不同、功能不同、价值不同。而现在虽然大家都知道技术成果转化的主体是企业,可在操作时,似乎又要求研究机构到主战场去,就是为了去将技术进行转化,变成生产力。这无形中让研究机构承担了既要研究科技成果,又要转化这些成果的双重任务。其实,研究单位与企业在社会功能上的分工是不同的。前者是以研究为己任,完成的是技术成果,这种成果可以是方案,也可能是样品;而后者则是以把技术变成产品、商品,转化成现实生产力为己任。市场对前者的要求是希望不断创新,多出成果,出高质量的成果;而对后者的要求,是以提高生产效率和产品质量为目标。前者是要求紧跟世界科学技术的发展潮流,不断为人类创造新发明、新创造;后者则是根据时代发展和市场需要,进行有选择性的技术研发和产品开发,以满足人们不断增长的物质文化生活的需要。由此可见,上述误导让研究机构和企业无所适从。当然,现在有些大企业家也都是科研机构改制后出来的,但这是个案,不能说个案就一定是合理的。在社会上,确实有些科学家既能做研究,又能管理企业组织生产,但这不是社会分工的常态,也不是现代社会的普遍现象,而是在社会发展进程中出现的特殊情况。假如让造原子弹的科学家转业去烧茶叶蛋,势必会成为社会分工中的笑话。

此外,在技术市场的实践中,总有人习惯把政府为了对技术合同进行有序管理施行的技术合同认定登记的数字,理解成就是这个地区、这个时期的技术交易额。我国这项技术合同认定登记工作始于1990年,通过认定登记,目的是让政府通过掌握各地的技术流向,为制订政策提供素材;并能通过登记,纠正双方在合同订立时的不规范条款,避免不必要纠纷的发生。同时,让参与登记的当事人或组织享受相应政策,激励其用技术合同开展交易活动的积极性和自觉性。认定登记有两条规定:一是登记工作是一种政府行为;二是只对技术出让方的合同额登记,受让方不纳入登记。因此,受技术要素特殊性所限,单一出让方合同额,显然是不能客观反映技术交易的价值和使用价值的。更何况,进入认定登记的合同,也不全是技术转让合同,其中还包括技术服务、技术开发和技术咨询、技术交易等服务合同,显然不能构成这个地区完整的技术交易的真实数值。把经过技术合同认定登记的数字都算作技术交易额进行宣传,显然是不真实的,容易产生误导和误判,也完全违背了我国对技术合同的认定登记管理的相关初衷。况且,目前我国的技术市场还处在完善阶段,技术市场的许多交易行为,是在企业与企业、企业与研究机构和研究人员之间进行,参与交易的许多市场主体,并不一定知道登记管理这项制度规定,即便签订了合同,能进入登记的,也只是"冰山一角",与整个市场的技术交易数据,相差甚远,说明不了科技对经济推动的巨大作用,甚至出现了许多令内行人啼笑皆非的现象,比如,交易额、拍卖数量等太过夸张,与实际情况严重不符。所以,今天我们将这种技术合同认定登记数字,去替代按照国家统计法,由统计机关组织管理实施的完整的技术交易额统计,是完全不同的两回事。现在这种用技术合同认定登记数目来反映国家的技术交易面貌,显得毫无意义,且不真实。

第四节 新时期中国技术市场的管理

由于人们对技术市场在认识上存在问题,中国技术市场的管理体制几经周折,至今仍有许多需要努力改进和完善的地方,主要反映在以下几个方面。

一是技术市场活动中可转让技术的有效供给不足。技术市场的开放是为了促进科技与经济的结合,科研与生产实际的结合,是通过改革科技体制,从源头上解决科技与经济"两张皮"的问题。《关于科学技术体制改革的决定》发布30多年来,从实践效果看,科技体制的改革需要与科技管理体制改革同步。虽然计划经济体制在我国已经结束,但肃清管理者头脑中旧体制的思想残余,任务依然繁重。随着改革的不断深入,科技管理体制改革在时间、进度上的迟缓和内容、深度上的不足,已日益显现。计划经济的旧观念表现在新时期管理上的旧思路、旧方法,需要改变。通过培育和引导市场,必须克服"穿新鞋走老路",解决科技计划与经济建设"两张皮"的问题。所以,当前拓展现有管理人员的市场经济知识,使其了解和驾驭技术市场的运行规律,是一项非常重要而艰巨的任务。我们在调研中发现,有的科研人员习惯把眼睛盯住政府,有的熟悉政府"套路","联合"企业到政府申报项目要钱,根由不言自明。一些有基础研究条件的机构,在改革"一刀切"后,被逼到了市场做开发,搞营销,技术创新源头由此枯竭。这些都是导致技术有效供给不足的重要原因,需要进一步深化科技体制改革来解决。

二是社会对技术的需求拉力不强,受让技术的能力欠缺。据统计,在全国5万多亿元的居民存款中,每年用于购买技术的也只有二三百亿元。而购买技术平均每项合同额只在8万—10万元的较低水平上徘徊。有的还只是合同数字,实际的技术转让费还要更低。在我国大中型企业中,技术人员比例仅为7%,实际从事技术工作的科技人员比例更低。在技术市场活动中购买技术的,1/3属于小企业及乡镇企业。要使企业能成为科研和技术投入的主体,还要作很多努力。当然,现在我国有许多大企业越来越多的内部研究开发,或者从境外引进技术的情况,还不一定进入我们这个统计视野。但是从总体上看,目前,我国多数企业开发能力弱,科技力量单薄,是受让技术欠缺的重要原因。据资料显示,我国科技人员集聚在政府和科研机构的比例大于企业。中小企业中,科技人员比例偏小。要让企业成为技术市场活动的主体,除了继续增加科研投入,提高企业吸纳技术,特别是吸纳高新技术的能力外,还得在缩小民营企业与国有企业在引进人才、调整人才结构、待遇,提高企业科技创新和自主开发能力等方面的差距上,要有更大力度的政策措施。

三是技术市场的软件环境建设投入不足。技术市场已经在中国发展40年,但其要素市场地位在群众中仍缺乏足够的宣传,技术市场的先导地位和作用研究也不够。对技术市场是社会主义生产要素市场这方面的知识,还需要普及。要稳定培育和扶植技术市场的鼓励政策,引导金融市场和风险投资市场,要加强对技术市场进行实质性支持,让技术市场与金融市场、人才市场、产权市场实行真正的互动。光靠建造一大批"楼堂馆所""常设市场""科技大市场""科技创业园""孵化器"等等硬件设施是远远不够的。尤其是技术市场人才匮乏的情况已经非常严重,政府应加强技术市场的专业人才培养,建设符合国情的技术市场管理队伍、技术经营人员队伍以及以知识产权保护为主要特征的法律工作者队伍。

四是技术市场的基础设施需要完善。利用现代信息技术武装技术市场的信息系统建设,是政府培育技术市场的关键内容。统一规划,科学谋划,减少重复,是当务之急,要将计算机技术、数据库技术和区块键技术及网络技术集于一体,发展技术市场的信息市场建设,以提高各地现有设施的利用效率。

科技服务市场平台是技术市场硬件建设的重要内容，从功能定位、服务内容及基本设施的设计、活动的开展、场所的维护等方面，还有许许多多需要完善的地方。

五是技术市场管理工作体制上的缺陷必须纠正。我国技术市场管理工作，在体制上有两个明显缺陷：一是技术市场的管理与经营不分，违背市场经济原则，不符合市场经济运行规律。二是政府的技术市场管理工作乏力，认识落后于实践，管理滞后于市场发展及需要。政府对技术市场的管理与技术经营机构的企业化运作实施分离，是计划经济向市场经济转换的最基本原则。我国技术市场管理在许多地方实行的"一个机构，两块牌子"，"事业编制，行使政府职能"的体制，不符合技术市场运行规则，这些情况未能引起高层的高度重视。早在技术市场萌芽时期，国务院对技术市场的管理曾有过明确的分工。由于机构改革等种种原因，出现了一段时期的曲折，现在需要恢复。通过改革，除了把科技行政管理机构在计划经济条件下形成的管理思路和管理习惯，转到以市场培育和引导为手段，发展和繁荣技术市场为目的的市场化管理上来之外，从机构的设置上，属于政府管理范畴的工作，应当及早复位，使其成为新时期政府科技管理的一项重要改革。这种变革需要勇气，其既是时代发展的需要，也是现代科技管理体制改革的重要意义所在。新时期的技术市场管理，要在继承前人管理经验的基础上，坚持不断创新，还得在以下方面作出努力。

第一，继续坚持扶植、培育的方针。将扶植与培育始终置于政府对技术市场的管理之中。政府在管理中要通过政策去引导，落实扶植、培育的方针。在新时期，要明确在继续"放开、搞活"的前提下，加强"规范、诚信"的管理，这是市场经济体制的需要，更是技术市场自身健康发展和繁荣的必需，需要各级政府一以贯之。

第二，继续强化依法保护的功能。技术市场的法律法规，要能在市场规范与规范行为两个方向实现统一，使技术市场行为的规范化管理与技术市场活动法制化工作相得益彰，使新出台的技术市场激励鼓励政策，能够在法律法规的框架下，最大程度地发挥效能，避免不当政策的误导或过度管理造成的政策浪费。

第三,继续加强技术市场工作各类队伍的培养。从我国技术市场建设的情况看,当初技术市场能够迅速发育形成,靠的是一支不怕吃苦,敢于冒风险、敢于创新、勤奋庞大的技术市场工作队伍。他们不计名利,好学上进,成日成夜地活跃在推进技术交易活动的阵地上。他们在实施"星火计划"和"火炬计划"的战线上,奋力勤勉,任劳任怨。新时期,中国技术市场依然需要这样一支素质好、业务精的骨干队伍。所以,要加强对这支队伍的培养与管理,从提升管理队伍的政策与管理水平入手,还要提高科技服务队伍的业务素质与能力。

第四,继续加强市场体系的建设与完善。由于技术市场在功能和运行规律上与其他市场的不同特征,根据我国实际,各级政府在谋划新时期技术市场体系建设时,需要注意3个结合:一是要注意规划与现实的结合,二是要注意现有资源与新要素的结合,三是要注意局部资源与整体资源的网络结合。通过体系的培育建设与完善,解决当前存在的服务资源碎片化的问题,实现公共资源市场化,形成科技服务市场中配套的链式服务新格局,让一切资源与手段集聚到技术成果的转化上,为科技与经济的真正结合,提供强有力的体系保障。

第五,继续深化科技行政管理体制的改革。进一步深化管理体制的改革,是新时期中国技术市场培育与建设最重要的一项任务。建设符合市场经济规律与原则的管理体制,是我国政府率领全国技术市场面向经济建设主战场,实现科技与经济结合,推进国家强盛的重要基础。通过对科技行政管理体制的改革与完善,把国家对技术市场的管理纳入政府科技管理工作的重要内容,统领新时期的科技工作,真正实现科技与经济的结合,科技工作和经济工作与市场运行相结合,并要从机构设置和体制上解决问题。特别要注意从培育和建设国家要素市场的角度,集中精力抓好规划、协调和方针政策的贯彻落实,抓好队伍建设、抓好设施建设、抓好生产要素市场的资源整合和优化配置,共同推进国家重大专项和其他涉及国民经济重大科技战略的有效实施。使中国的技术市场,能够在市场经济条件下,真正形成全新的科学理念,形成适应新时期需要的全新的、市场化管理方式,带领和协调其他生产要素市场,共同推进与有效促进技术成果的转化,为国家的科技进步和国民经济的建设与发展,做出更大的贡献。

应该说,我国技术市场发展是好的,正是科学技术通过市场经济的机制极大地推动了经济发展。但是必须指出,要是咱们的各级科技行政管理部门,把工作做得更好些,做得更到位些,前面指出的那些不足之处,那些本位主义、官僚主义和形式主义的旧东西就会少一些,我国的经济发展还可能会更快更好些。

参考书目

1. 雪苇.《资本论》要略[M].北京：人民出版社,1985.
2. 中共中央政策研究室文化组.科技成果转化成功之路[M].沈阳：辽宁大学出版社,1995.
3. 国家科学技术委员会.中国科学技术政策指南——科学技术白皮书第1号[M].北京：科学技术文献出版社,1986.
4. 国家科学技术委员会.中国科学技术政策指南——科学技术白皮书第2号[M].北京：科学技术文献出版社,1987.
5. 张应吾.中华人民共和国科学技术大事记：1949—1988[M].北京：科学技术文献出版社,1989.
6. 刘洪主编,中华人民共和国国家计划委长期规划司编.中国国情[M].北京：中共中央党校出版社,1990.
7. 宋健.科学与社会系统论[M].济南：山东科学技术出版社,1991.
8. 罗玉中主编.科技法律制度[M].北京：北京科学技术出版社,1992.
9. 中国"星火计划"大全编委会.中国"星火计划"大全1985—1995[M].北京：中国科学技术出版社,1996.
10. 刘庆辉.技术市场探索与实践[M].北京：科学技术文献出版社,1998.
11. 雷庆西,张贤模.中国技术市场[M].武汉：湖北人民出版社,1999.
12. 田波.技术市场学[M].北京：红旗出版社,2005.
13. 徐燕椿.创新型经济体的若干特征调查[Z].2006.

14. 张江雪.中国技术市场发展研究：基于总体和区域的实证分析[M].北京：北京师范大学出版社,2011.

15. 国家科技部火炬高技术产业开发中心.中国技术市场三十周年发展报告(上册)[C].2014.

16. 国家科技部火炬高技术产业开发中心.中国技术市场三十周年论文选编[C].2014.

17. 田波.求索中国技术市场[M].上海：上海大学出版社,2015.

中国技术市场大事记

1977年9月	中共中央发布《关于成立国家科学技术委员会的决定》
1978年3月	中共中央召开全国科学大会。邓小平提出"四个现代化,关键是科学技术的现代化","科学技术是生产力",我国"知识分子是工人阶级的一部分"等论述
1978年11月	中共中央组织部发出〔1978〕31号文件《关于落实党的知识分子政策的几点意见》,提出六点意见,要求对科技干部进行全面普查,解决好知识分子学以致用问题
1978年12月	党的十一届三中全会作出"全党工作着重点和全国人民的注意力转移到社会主义现代化建设上来"的战略决策
1979年6月	邓小平在《新时期的统一战线和人民政协的任务》一文中指出,我国广大的知识分子是工人阶级的一部分
1979年11月	全国第一家民办研究所——杭州交叉技术应用研究所在浙江杭州成立
1980年1月	国务院批转国家科委《关于建立我国专利制度的请示报告》,批准成立中国专利局
1980年7月	国家科委召开第五次全国科技情报工作会议,要求科技情报界紧密围绕国民经济建设和科学技术发展需要,广辟情报来源,及时准确地为国民经济建设提供科技情报资料和分析资料
1980年10月	中国科学院物理所的科技人员自费创办了"先进技术服务

	部"——华夏新技术开发研究所,为"北京电子一条街"开创先河
1981年1月	国务院颁布《技术引进和设备进口工作暂行条例》,对有计划、有重点、有选择地从外国引进先进技术和设备工作作出规定
1981年2月	中国科协发出《关于在学会、地方科协建立科技咨询服务机构的通知》,指出科技咨询机构应根据国家和地方经济建设的需要和自己的实际可能,积极开展科技咨询服务业务
1981年4月	中共中央〔1981〕14号文件批转国家科委党组《关于我国科学技术发展方针的汇报提纲》,提出了要"加速科学技术成果的应用推广,实行有偿转让"的建议
1981年5月	我国首家宣传技术市场的报纸——《技术市场报》,由国家新闻出版局批准在天津创刊(1989年更名为《中国技术市场报》)
1981年6月	国务院〔1981〕97号文件要求大力做好引进技术的消化和推广利用,"调整技术引进方针,重点引进适用而又先进的外国技术和关键设备","加强技术消化和推广利用工作,提高经济效益,缩小同世界的差距"
1981年11月	国务院领导在第全国人大五届四次会议上的政府工作报告指出,科学技术发展的重点应当是为经济建设服务,特别是为解决国民经济效益的关键问题服务
1982年3月	国务院颁发《关于试行科学技术人员兼职交流的暂行办法》
1982年9月	党的十二大提出"中国共产党在现阶段的总任务是:团结全国各族人民,自力更生,艰苦奋斗,逐步实现工业、农业、国防和科学技术现代化",提出到本世纪末,我国工农业年总产值比1980年翻两番
1982年10月	国务院召开全国科技奖励大会,提出"经济建设必须依靠科学技术,科学技术工作必须面向经济建设"的方针,提出"四个转移"

1983年1月	第一次全国农村科技工作会议在北京召开,会议提出要把已有的科技成果和不断出现的新技术、新成果尽快推广应用到农业生产中去
1983年7月	国务院〔1983〕111号文件颁发《关于科技人员合理流动的若干规定》
1983年8月	中共中央、国务院颁发《关于引进国外智力以利四化建设的决定》
1984年3月	全国人大常委会通过《中华人民共和国专利法(草案)》,于1985年4月1日施行
1984年4月	国家科委、国家体改委发布《关于开发研究单位由事业费开支改为有偿合同制的改革试点意见》
1984年4月	国家经委、财政部颁发《关于经委系统所属企业管理协会及咨询公司开展企业管理咨询服务收费的规定》
1984年9月	国务院发布《中华人民共和国科学技术进步奖励条例》
1984年11月	国务院领导在国务院第51次常务会议上作出"加速科技成果商品化,开放技术市场,作为科技体制改革的突破口"的指示
1984年12月	国务院批准成立全国技术市场协调指导小组
1985年1月	国务院颁布《关于技术转让的暂行规定》
1985年3月	中共中央〔1985〕6号文件颁布《关于科学技术体制改革的决定》,指出"技术市场是我国社会主义商品市场的重要组成部分"
1985年3月	国家科委、国家经委和国防科工委联合在浙江杭州举办了全国军工技术向民用转移工作座谈会和全国首届军工技术转民用交易会
1985年4月	国务院批准国家科委、国家经委和国防科工委《关于开放技术市场几点意见的报告》
1985年5月	国务院颁布《国家技术引进合同管理条例》
1985年5月	国家科委批准成立"中国技术市场开发中心"

1985年5月	国家科委、国家经委、国防科工委和北京市人民政府在北京联合举办"首届全国科技成果交易会"
1985年7月	中科院首批2个研究所和17个研究室对国内外开放，开展合作研究
1985年8月	全国科技立法工作会在北京召开，提出立法规划的初步设想
1985年10月	全国首届发明展览会在北京举行
1986年1月	国家科委颁发《关于实施"星火计划"的暂行规定》
1986年2月	国家经委、财政部、海关部署颁发《关于推进引进技术消化吸收的若干规定》
1986年3月	全国技术市场工作会议在北京召开
1986年3月	国务院颁发《关于进一步推动横向经济联合若干问题的规定》
1986年3月	中国科协、财政部颁发《关于科协系统科技咨询服务费用收支管理办法》
1986年3月	国务院科技领导小组转发《国家科委党组关于明确对技术成果转让的政策界限的请示的通知》
1986年3月	国家科委发出《关于对科研单位进行分类工作的通知》
1986年4月	国务院发布《关于扩大科学技术研究机构自主权的暂行规定》
1986年5月	全国科学技术奖励大会在北京举行
1986年7月	中国技术市场研究会成立
1986年10月	国务院颁发"关于开拓国外技术市场加强技术出口管理"的文件
1986年12月	全国技术市场协调指导小组颁布《技术市场管理暂行办法》，明确提出对技术市场实行"放开、搞活、扶植、引导"的八字方针
1987年1月	国务院发布《关于进一步推进科技体制改革的若干规定》和《关于推进科研设计单位进入大中型工业企业的规定》

1987年2月	国家经委、国家科委、国家体改委、国防科工委和国务院科技领导小组办公室联合发布《关于进一步推动科研与生产联合的若干意见》
1987年3月	我国开始实施国家高技术研究发展计划,将生物技术、航天技术、信息技术、激光技术、自动化技术、能源技术、新材料技术等7个领域的作为研究重点
1987年5月	全国技术市场协作网成立了在黄山、泰山、石家庄和沈阳等地成立培训中心,为全国培养技术市场管理与经营人才
1987年6月	全国人大六届第二十一次常委会批准颁布《中华人民共和国技术合同法》于1987年11月1日实施
1987年6月	国家科委颁发《关于技术引进工作暂行办法》
1987年6月	国务院办公厅转发国家科委"关于加强科学技术保密工作的报告"
1987年6月	全国技术市场协调指导小组在沈阳召开全国技术市场工作会议,推广沈阳市关于技术市场"管理与经营分开"的经验
1987年8月	国务院办公厅转发外经贸部、国家科委《关于鼓励技术出口的暂行办法》
1987年10月	党的十三大报告中指出"社会主义的市场体系不仅包括消费品和生产资料等商品市场,而且应当包括资金、劳务、技术、信息和房产等生产要素市场;单一的商品市场不可能很好发挥市场机制的作用"
1987年12月	《中华人民共和国技术合同法》正式施行
1988年1月	国务院办公厅转发国家科委《关于科技人员业余兼职若干问题的意见》
1988年2月	国务院"三定"方案撤销"全国技术市场协调指导小组"
1988年3月	经国务院批准,国家科委发布《技术合同管理暂行规定》
1988年4月	国家科委决定"中国技术市场管理促进中心"同时作为"国家科委技术市场管理办公室","一个机构,两块牌子",行使管理全国技术市场的职能,事业单位的性质不变

1988年5月	国务院发布《关于深化科技体制改革若干问题的决定》
1988年8月	国务院批准在北京中关村成立新技术产业开发试验区,标志着我国开始走向依靠高技术发展科技、振兴经济的道路
1988年8月	国家科委召开全国第一次火炬计划工作会议,全国火炬计划正式开始实施
1988年10月	国家科委、浙江省人民政府联合在杭州举办"全国首届星火计划与适用技术成果展览交易会"
1989年3月	国务院批准国家科委颁布《中华人民共和国技术合同法实施条例》
1989年10月	首届中国对外技术交易会在深圳开幕,来自亚洲、欧洲、美洲及国内1 000多名客商参加交易活动
1989年11月	国务院发布《关于依靠科技进步振兴农业加强农业科技成果推广工作的决定》
1989年11月	中国科技法学会成立
1989年12月	国务院召开国家科学技术奖励大会,江泽民总书记发表题为"推动科技进步是全党全民的历史性任务"的讲话
1989年12月	首届国家"星火"奖举行授奖大会,对138个项目和企业、个人颁发奖杯与证书,对4名对"星火计划"实施和决策有突出贡献的领导者获得特别荣誉奖
1990年3月	国家科委、国家工商总局发布《关于加强科技开发企业登记管理的暂行规定》
1990年6月	国家对外经济贸易部、国家科委发布《技术出口管理暂行规定》
1990年7月	国家科委(第7号令)发布《技术合同认定登记管理办法》和《技术合同认定规则》
1990年9月	国家人事部印发《全民所有制事业单位专业技术人员和管理人员辞职暂行规定》
1990年12月	国家科委(第10号令)发布《技术交易会管理暂行办法》
1991年1月	国家科委(第11号令)发布《技术合同仲裁机构管理暂行

	规定》
1991年3月	国务院发布《关于批准国家高新技术产业开发区和有关政策规定的通知》
1991年4月	国家科委召开全国技术市场工作会议,并设立中国技术市场金桥奖,首次表彰金桥奖获奖集体和个人
1992年8月	国家科委、国家体改委发布《关于分流人才、调整结构、进一步深化科技体制改革的若干意见》
1992年8月	国家科委发布《关于加速发展科技咨询、科技信息和技术服务业的意见》
1992年10月	党的十四大报告指出,"技术市场是社会主义统一市场的重要组成部分",确立在中国建立社会主义市场经济体制
1992年10月	中国技术市场促进会和中国技术市场研究会合并,成立中国技术市场协会
1993年5月	经国家科委批准首个国家级技术交易所——上海技术交易所成立
1993年6月	国家科委、国家体改委发布《关于大力发展民营科技型企业若干问题的决定》
1993年7月	全国人大常委会八届二次会议通过并颁布了《中华人民共和国科学技术进步法》和《中华人民共和国农业技术推广法》
1993年11月	党的十四届三中全会作出《关于建立社会主义市场经济体制的决定》,指出"当前培育市场体系的重点之一是发展技术市场"
1994年3月	国家教委、国家科委、国家体改委发布"关于高等学校发展科技产业的若干意见"
1994年3月	财政部、国家税务总局001号文件发布"关于企业所得税若干优惠政策"的通知,对科研单位的"四技"活动、对为农业生产提供技术服务或劳务及从事咨询业、信息业等工作明确免征有关税收的规定

1994年4月	国家科委、国家体改委印发《关于进一步培育和发展技术市场的若干意见》的通知
1994年6月	财政部、国家税务总局10号文件发布"关于对科研单位取得的技术转让收入免征营业税"的通知
1994年6月	最高人民检察院、国家科委印发《关于办理科技活动中经济犯罪案件的意见》
1994年7月	国务院发布《关于进一步加强知识产权保护工作的决定》
1995年4月	国家科委印发《关于正确处理科技纠纷案件的若干问题意见》的通知
1995年5月	中共中央、国务院召开全国科学技术大会,颁布《中共中央、国务院关于加速科学技术进步的决定》,提出"科教兴国"战略
1996年4月	财政部、国家税务总局41号文件发布《关于促进企业技术进步有关财务税收问题的通知》,对企业研究开发新产品、新技术、新工艺所发生的费用和企业进行技术转让过程中发生的与技术转让有关的"四技"收入所得免征有关税收问题作出规定
1996年5月	全国人大常委会颁布《中华人民共和国促进科技成果转化法》
1995年9月	党的十四届五中全会确定我国经济和社会发展"九五"计划,指出"要使我国经济富有活力和效率,必须加速市场体系的培育和发展。凡是应当由市场调节的经济活动,要进一步放开放活,激发经济活力"
1996年5月	国家科委在北京举办中国技术市场成就展览会
1996年9月	国务院发布《关于"九五"期间深化科学技术体制改革的决定》
1996年10月	国家科委发布《"九五"全国技术市场发展纲要》
1996年10月	人事部、国家科委、国家教委、国家计委等部委联合发布《关于强化"百千万人才工程"人选培养的通知》

1996年、1997年	国家科委分别批准天津、河北、辽宁、黑龙江、江苏、福建、山东、湖北、广西、四川等省(市、区)的34个县(市、区)开展农村技术市场的试点工作
1997年4月	国家科委发布《关于加强技术交易会管理的通知》
1997年4月	中国专利局、国家国有资产管理局发布《专利资产评估管理暂行办法》
1997年7月	国家科委、国家工商行政管理局印发《关于以高新技术成果出资入股若干问题的规定》
1997年7月	国家科委发布《关于加强科技人员流动中技术秘密管理的若干意见》
1997年12月	国家科委组织第四届技术市场金桥奖评审揭晓,240个单位获得集体奖,180个个人获得个人奖
1998年3月	国家实行政府机构改革,国家科委改为科技部,国家技术市场管理办公室划入科技部发展计划司
1998年10月	浙江省人民政府出台了全国第一个关于"鼓励技术要素参与收益分配若干规定"的文件
1999年2月	国务院办公厅转发科技部等部门《关于国家经贸委管理的10个国家局所属科研机构管理体制改革的意见》的通知,启动了我国部属开发类科研院所的改革工作
1999年3月	全国九届人大二次会议通过了《中华人民共和国合同法》,并于1999年10月1日起颁布实施,同时废止了1987年11月1日实施的《中华人民共和国技术合同法》和《经济合同法》《涉外经济合同法》实行三法合一
1999年3月	国务院办公厅转发科技部等部门《关于促进科技成果转化若干规定的通知》
1999年7月	科技部、国家经贸委发布"关于促进民营科技企业发展的若干意见"
1999年8月	中共中央国务院召开技术创新大会,作出《关于加强技术创新,发展高科技,实现产业化的决定》,提出"深化科技体制

	改革,促进高新技术成果商品化、产业化"
1999年9月	国家科技部根据国务院的要求,实施了东西部技术对接示范工程
1999年10月	国家科技部在深圳举办"首届中国国际高新技术成果交易会"
1999年11月	财政部、国家税务总局发布关于贯彻落实《中共中央、国务院于加强技术创新,发展高科技,实现产业化的决定》有关税收问题的通知
1999年12月	由上海市科委、上海国资局共同出资的国内首家技术产权交易所——上海技术产权交易所成立
1999年12月	国务院办公厅转发科技部等部门《关于建立风险投资机制若干意见的通知》
2000年4月	国务院办公厅38号文件转发科技部等部门"关于深化科研机构管理体制改革实施意见"的通知
2000年12月	国务院办公厅转发科技部等部门《关于非营利性科研机构管理的若干意见(试行)》的通知
2000年12月	国家科技部发布《关于加强与科技有关的知识产权保护和管理工作的若干意见》
2000年12月	国家科技部印发《科技评估管理暂行办法》
2001年2月	国家科技部开展"全国农村技术市场信息村村通工程"
2001年6月	最高人民法院发出《关于印发全国法院知识产权审判工作会议关于审理技术合同纠纷案件若干问题的纪要》的通知
2001年7月	国家科技部发布《关于"十五"期间大力推进科技企业孵化器建设的意见》
2002年10月	由国家科技部、国家知识产权局和浙江省人民政府共建"中国浙江网上技术市场"运行
2002年10月	国家科技部召开全国科技中介大会,出台《关于大力发展科技中介的若干意见》
2002年10月	中国技术市场协会同全国31个相关单位向全国技术市场

	的科技中介机构发出"科技中介职业道德规范倡议书"
2002年12月	党的第十六次全国代表大会报告提出"健全现代市场体系，发展产权、土地、劳动力和技术等市场"
2003年8月	国务院科技奖励办公室将"全国技术市场金桥奖"评审工作委托中国技术市场协会承担。"首届中国技术市场协会金桥奖"评审揭晓。中国技术市场协会在北京人民大会堂召开大会，对宋健、郭树言、谢绍明、段瑞春、怀国模等为中国技术市场建设作出重要贡献的五位杰出代表授予"中国技术市场建设功勋奖"。全国其他194个先进集体、112个先进个人与77个优秀项目受到大会表彰
2003年10月	党的第十六届三中全会发布的《关于完善社会主义市场经济体制若干问题的决定》提出"加快发展土地、技术、劳动力等要素市场"
2004年10月	中国技术市场协会召开纪念中国技术市场发展20周年大会，对20年来在我国技术市场发展的不同阶段做出贡献的176位同志，授予"中国技术市场建设成就奖"
2005年1月	由黑龙江、辽宁、吉林和大连、沈阳、长春、哈尔滨等省、市科技局共同发起的"东北技术转移联盟"在哈尔滨成立
2005年3月	联合国亚太地区技术转移中心（APCTT）组织的"技术转移网络路线图会议"在印度新德里召开。来自中国、印度、伊朗、韩国、马来西亚、菲律宾、泰国、越南等国的代表参加会议
2005年5月	由北京、天津、河北、山西、内蒙古、辽宁、山东等七省市技术市场管理部门共同发起的"环渤海技术转移联盟"在北京成立
2005年10月	国家科技部、财政部正式批准启动"中国技术交易信息服务平台"
2005年11月	全国首个网上技术市场交易活动——中国浙江网上技术市场活动周暨杭州高新技术展示交易会在杭州举行

2005年11月	国家科技部在北京京西宾馆召开全国技术市场工作会议，科技部部长徐冠华发表题为"加快发展技术市场，建设国家创新体系"的讲话
2005年12月	中国（华南）国际技术产权交易中心在深圳成立
2006年1月	中共中央、国务院发布《关于实施科技规划纲要增强自主创新能力的决定》，提出充分发挥市场在科技资源配置中的基础性作用，建立以企业为主体、市场为导向、产学研相结合的技术市场创新体系
2006年3月	第十届全国人大四次会议通过《国民经济和社会发展第十一个五年规划纲要》，提出"健全资本、土地、技术和劳动力等要素市场，积极发展技术市场"
2006年3月	国家科技部发布《关于加快技术市场发展的意见》（国科发市字〔2006〕75号），提出中国技术市场工作实行"培育、引导、规范、提高"新方针
2007年3月	第十届全国人大第五次会议通过《中华人民共和国企业所得税法》，规定对从事技术转让的企业给予免征、减征企业所得税
2007年4月	国家科技部发布《国家高新技术产业化及其环境建设（火炬）"十一五"发展纲要》和《国家高新技术产业开发区"十一五"发展规划纲要》
2007年9月	国家科技部、教育部、中科院联合实施国家技术转移促进行动，引导和支持创新要素向企业集聚，促进科技成果转化和技术转移
2007年12月	国家科技部、教育部、中科院联合印发《国家技术转移促进行动实施方案》（国科发火字〔2007〕609号），提出加快建立以企业为主体、市场为导向、产学研相结合的技术创新体系
2007年12月	国家发展改革委、财政部、科技部、国家工商总局、国家版权局、国家知识产权局联合发布《建立和完善知识产权交易市场的指导意见》（发改企业〔2007〕3371号）

2007年12月	第十届全国人大常委会第三十一次会议修订通过《中华人民共和国科学技术进步法》
2008年8月	国家科技部发布《国家技术转移示范机构管理办法》和《国家技术转移示范机构评价指标体系（试行）》。国家启动技术转移示范机构试点工作，首批示范机构为76家
2008年12月	国家科技部在北京人民大会堂召开纪念国家"火炬计划"实施20周年大会，授予北京技术交易促进中心等20家国家技术转移示范机构为"火炬计划"先进服务机构。中国技术市场理论研究资深人士李国杰院士和原浙江省科技厅副厅长田波获"火炬计划突出贡献奖"称号，北京技术市场管理办公室主任林耕等4人被授予"火炬计划"先进个人称号。中共中央政治局委员、国务委员刘延东作重要讲话
2009年5月	由江苏省技术市场机构制订的全国第一部省级地方服务标准《技术交易与技术产权交易服务规范》经江苏省质量技术监督局批准实施
2009年8月	中国技术交易所在北京成立
2010年	中国技术交易信息服务平台试运行
2011年3月	科技部和北京市科委、中关村科技园区管委会和中国技术交易所在北京举办"十一五"重大科技成果发布及推介活动，组织节能减排、生物医药、农业科技等3个重大科技成果分场，涵盖了"863""973"、支撑计划、重大专项等项目
2011年6月	全国首家知识产权交易所——天津滨海国际知识产权交易所成立
2011年7月	国家科技部印发《关于进一步加强火炬工作，促进高新技术产业化的指导意见》，实施"科技服务体系火炬创新工程"和"创新型产业集群建设工程"，确定首批试点单位25家
2012年1月	国家科技部发布《现代服务业科技发展"十二五"发展规划》

2012 年 8 月	国家科技部组织召开"全国技术市场工作座谈会"
2012 年 11 月	党的十八大提出了"充分发挥市场在资源配置中的决定性作用",同时指出"要更好地发挥政府作用"
2013 年 2 月	国家科技部发布《技术市场"十二五"发展规划》
2013 年 4 月	国家科技部、北京市人民政府共同印发《关于建设国家技术转移集聚区的意见》,决定在中关村正式启动建设国家技术转移集聚区
2013 年 7 月	国家农业技术转移中心、国家旱区植物品种权交易中心示范区在杨凌启动,通过先行先试,整合各类农业高新技术和知识产权创新资源,促进科技成果转化,服务旱区现代农业发展
2013 年 9 月	国家科技部、北京市政府联合签署"部市共建国家技术转移集聚区"协议,并授牌
2013 年 12 月	由中国—东盟技术转移中心和马来西亚 BMGS 咨询公司共同签署《中国—东盟技术转移协作网络成员协议》
2014 年 7 月	国家科技部在青岛召开技术市场发展战略研讨会
2014 年 10 月	国家科技部批复《科技部湖北省人民政府共建国家技术转移中部中心方案》,打造国家技术转移机制完善和模式创新示范区
2014 年 11 月	国家科技部批复上海市国家技术转移东部中心建设方案,发挥上海市长三角地区枢纽作用和科教资源富集、产业基础雄厚的优势,建设技术转移区域中心
2014 年 11 月	中国技术市场协会在成都召开第七届"中国技术市场金桥奖"颁奖大会暨"第三届中国科技服务业峰会"。学习贯彻国务院〔2014〕49 号关于"加强科技服务业发展的若干意见"。会上明确由中国技术市场协会牵头,成立"全国科技服务业联盟",联盟秘书处设在"中国浙江网上技术市场"内
2014 年 11 月	国家技术转移南方中心在深圳启动,标志着全国技术转移一体化新格局的两大中心枢纽完成布局

2014年12月　　国家科技部召开中国技术市场30周年工作座谈会,总结回顾技术市场30年发展历程、成就与经验,研究技术市场发展目标、发展思路和工作重点

(注:本《中国技术市场大事记》资料由科技部中国技术市场管理促进中心、中国技术市场协会和浙江省技术市场促进会提供,部分内容摘自张应吾主编、科学技术文献出版社1989年出版的《中华人民共和国科学技术大事记:1949—1988》一书)

附　录

科技服务市场亟待警惕的问题
——谈计划经济残余思维对我国技术市场工作的干扰

今天,我讲的题目是"科技服务市场亟待警惕的问题——谈计划经济残余思维对我国技术市场工作的干扰",目的是想跳出常规传统的视角和思考维度,从中国技术市场当前工作中存在的困惑及其未来走向,谈些观点,作为发言。

记得有位学者曾经讲过这样一段话:学者、官员和企业家的说话是不一样的。学者应该说真话,官员只能说正确的话,企业家是要说有用的话。

既然今天是技术市场方面的论坛,就得从专业角度讨论问题。作为离开科技管理岗位多年的人来说,这个发言只能算是我个人对当今技术市场现状的一种观察。讲点真话,希望咱们国字号的社会团体——中国技术市场协会,能够多多通过这种活动,让全社会都来关注中国技术市场的未来,让它能继续健康发展。

这些年来,中国技术市场在市场经济的条件下,为中国的经济建设、社会发展和科学技术的发展做出的贡献,无论怎样肯定,都不为过。特别是党的十八大之后的这些年,在以习近平为核心的党中央领导下,我把它看作我国改革开放以来技术市场发展的 3 个阶段中,市场功能发挥得最好的一个时期。

对我国技术市场的发展阶段,理论界曾经有过许多"三阶段""四阶段"的划分方法。从时间维度上看,我还是比较认可"三阶段"的划分方法。

第一阶段是从1978年到1988年。我国技术市场在国务院的直接领导下,全国形势一片大好,技术交易活动欣欣向荣,我把它认定为萌芽与兴旺时期,其发育是好的。

第二阶段是从1990年到2000年。这期间存在的问题比较多,我国技术市场受国务院机构改革的影响,其管理职能被划归科技部,之后便出现了技术市场管理工作上的低谷期,主要表现在管理工作边缘化。从政府层面上看,我国政府这个阶段在技术市场方面的工作,基本是"让出位置""守着摊子""形存实亡",与前10年那种欣欣向荣的情景相比,是被弱化了的。

第三阶段是2000年至今。到了21世纪,尤其是党的十八大后,我把它认定为我国技术市场在逐渐恢复元气、提升阳气的一个阶段。当然,这也是由于市场经济体制的建立以及受国内外市场经济环境的影响,为我国技术市场的健康发育和成长壮大创造与提供了条件。所以,可以这样认为,这个第三阶段应当可以被认定为中国技术市场继续发展的新时期。

在这个阶段中,无论是人们对技术市场这个新鲜事物的认知,还是社会对技术市场的运用,都进入了一个崭新的阶段。党的十八大以来,我国技术市场的活动主体按照技术市场和科技成果转化、产业化的规律,开始慢慢地适应,自觉性比以前提高了。其实,这也是我国市场经济日趋成熟的推力,促使广大企业家、技术人员、服务机构及政府,能够在市场经济的体制下共同作用的结果。当然,这种互动和作用,也经历了从不自觉逐渐走向自觉的过程,但离自由王国还有一定的距离。这种评价抛弃了"技术市场是科技部门一家之事"的狭隘的思维定式,跨越了"技术市场是技术商品交易场所"的这种形而上学的理论鸿沟。

当今时代,我国技术市场需要"各种生产要素自觉融合、良性互动的共同作用",这种认知已成为或正在成为人们的共识。其实,要是我们从事技术市场工作的同志,能把视角从传统的固定思维转向更加符合市场经济规律和成果转化规律的思考维度上来,那么长期在技术市场岗位上工作的同志,也就可以从怨气(埋怨之气)、泄气(信心不足)和躁气(浮躁之气)的"三气"中解脱出来。其实,这个理论观点在党的十三大和历届党代会的报告中,早有非常明确的表述,只要稍加学习和研究,是不难理解的。

一

首先讲一下我发言的前提,因为这是讨论问题的基础。

第一,今天的科学技术对经济社会的影响力和推动力,已远远超过以往任何一个时期。这是我对当今中国技术市场作用的基本判断。

我国当今经济社会和各个方面的发展如此迅猛,是什么在起作用?我认为可以理直气壮地说,是市场经济体制下,由于技术市场自身的先导性,技术市场在与其他生产要素市场的互动中所起的作用。

道理很简单。要是没有30多年前党中央提出"技术也是商品"和出台"两个放活"的政策,技术怎么能跑出实验室?科技人员怎么能进入市场?没有科技人员,没有科技成果,靠什么去转化技术成果、去振兴国家经济?今天的伟大、今天的辉煌,今天我们可以说"厉害了,我的国",虽然不全靠市场的推进以及市场机制的作用,但它不仅推进了社会进步和经济发展,而且还调动了广大科技人员与企业界紧密合作的积极性和自觉性。正是它的作用,才带来了我国这些年来前所未有的经济增长速度。

30多年前,中国非常贫困,当时的人均收入只有非洲撒哈拉沙漠以南国家人均收入的1/3。而今天的中国,已成为全球最大、最具活力的制造业中心,其钢铁产量是美国的8倍;全球约60%的水泥是中国生产的;全球25%以上的汽车是中国生产的;中国是全球最大的专利申请国,申请总数已超过美国和日本的总和;中国还是全球一系列工业产品和农产品的最大的生产国。这些大家都心知肚明。从全球前5个工业生产国的制造业总值看,1970年的时候,中国全都是在最底部的。以专利申请为例,从20世纪90年代末期和21世纪初期开始,我们从世界排名的底端开始起步,一个一个把发达国家超越了,到现在总数已超过美日总和。2016年,中国国内的发明专利拥有量,首次突破了100万件,连续6年居世界首位,成为世界第三个国内发明专利拥有量突破百万件的国家;中国国际专利的申请也稳居第三位,商标累计注册1 237万件,每年的申请量和注册量均居世界首位,成为名副其实的知识产权大国。这使全世界都感到震惊,并疑惑不解。

可以肯定地说,中国的崛起不光应验了拿破仑所说的"中国是一头沉睡的狮子,当这头睡狮醒来时,世界都会为之发抖"这句名言,而且还彰显了中华民族再次复兴的文化优越性。当然,这不仅仅是简单学习和模仿西方国家的先进技术、先进管理就能实现的。为什么呢?前不久有个报道,有位名叫张五常的经济学家,提出了这样一个问题,也是向所有中西方经济学家提出的。他说:"我可以在一个星期内写成一本厚厚的批评中国的书。然而,在有那么多的不利的困境下,中国的高速增长持续了那么久,历史上从来没有出现过……中国一定是做了非常对的事情才产生了我们见到的经济奇迹。那是什么呢?这才是真正的问题。"这段话的意思是说,仅仅靠指出中国的问题,并不能够帮助我们理解和解释中国经济增长的奇迹。我们常批评中国的问题非常多,其实别的国家问题也很多。但为什么中国增长这么快,而别的国家做不到?因此,要是能把中国做对了的东西找出来,才算是真正的经济学家,国家也才能够在今后继续推进和深化改革开放的实践中,不犯颠覆性的错误。

我认为,中国除了有集中力量办大事这种特有的政治制度和体制优势之外,市场经济体制的建立及由市场经济孕育和发展起来的技术市场,以及能与技术市场互动的其他社会主义生产要素市场,都在其中发挥了作用,是根本原因。这个问题,只要从技术市场是市场经济的产物这个本质属性去认识和理解,在座的都是行家,就用不到我在这里多费口舌。

第二,我国科学技术自身发展的能力,已经开始跟上世界科技进步的步伐。准确地说,是与发达国家之间的距离已逐渐缩小。航天、国防装备等技术领域的井喷式成就,就足以说明中国今天的这些实力,哪一点不是依靠科技成果的转化。这些内容大家都熟悉,报道也很多,道理更是十分简单。没有科技人员放开手脚,没有研究机构面向市场,没有科研机构与企业的合作开放,换句话说,没有中国技术市场的发育和繁荣,以及与其他社会主义生产要素市场的互动和推进,能有这种奇迹吗?这是无可非议的。

第三,政府支持科技进步的"劲"由虚变实,中国技术市场的发展是此前任何时期都无法比拟的。

中国技术市场进入新阶段,与党的十九大提出的新时期相适应,表现在以下3个特征。

一是技术市场将成为全民实践科技面向经济建设的主要舞台。今后的科技成果转化活动,都将自觉或不自觉地在全国广袤的技术市场中完成。科学技术在市场经济条件下使我国经济突飞猛进,依靠科技进步促进国民经济发展和人类进步,已成为全国人民的自觉行动。在"大众创业、万众创新"的新态势下,科技创新给中国经济和社会发展所带来的影响前所未有,其动能是无法估量的,也是世人共赞的。最近,阿里巴巴在杭州推出了"刷脸支付",虽然它没有经过政府验收、立项、推广这样一套烦琐的手续,但它完全是依托市场需求,由企业开展自主研发、自主推广的产业化的项目。

二是技术市场将成为科技成果转化主体之间,密切合作、谋取共赢的一种系统性平台。谁是转化的主体?这是老一代科技管理人员经常讨论的问题。今天再来谈论它,已不成问题。上面阿里巴巴的这个例子,已经回答得很清楚了。对转化主体的确定,也是我国经过30多年技术市场实践摸索出来的基本经验。这30多年来,国人崇拜科技,从被动走向自觉。企业在引进人才时,注重科技人员在企业中的占比,因为过去政府将这一数据作为评判其是否为科技型企业的条件,在今天却已经成了常态。在企业办研究开发机构,过去的企业家想都不敢想,就算想了也觉得干不了,而今天却成为现实,甚至成为衡量一个企业实力和市场核心竞争力的必备条件。在开展新技术的研发过程中,过去总是想着政府拨款,可如今却学会了要到市场上去找合作者,既快捷又实惠。由此可见,在如今社会中,技术成果的转化,已经成为市场经济条件下,科技促进经济、科技与经济结合以及从事技术市场工作的主旋律。所以,没有市场经济体制的建立,就没有技术市场的立足之地,社会离开了技术市场,提出科技成果的转化问题,也将成为空话。未来的中国技术市场,将成为科技界、经济界、企业界与社会之间,沟通对话顺畅、协作互动密切的一个整体性和系统性平台。

三是建设与发展功能强大的科技服务市场,是培育和发展未来中国技术市场的中心工作。当今,科技成果转化不畅的根本原因,除了体制机制上的问题外,服务市场这块短板也是主要障碍,这也是企业家和研究人员最为头疼的事。当科技成果转化解决了体制机制上的问题后,对于政府而言,接踵而至的问题是,要培育和建设一个功能强大,能够解决各类产业、专业问题的服务体系与平台。尽管我们已经建了许多服务硬件,但它们大多千篇一律、功能单一,"跛脚服务"非常突出,大企业用不上,小企业用不起,功能与需求错位。这已成为我国技术市场的功能性障碍。克服这种障碍,需要从理念、体制和政策上突破,否则既是浪费,又是负担,搞不好还影响市场的规范和稳定。

当前,我国技术市场设施在全国遍地开花,但是科技服务机构和服务人员却是散兵游勇、无的放矢,各级政府用于培育技术市场的政策重叠,浪费现象十分严重。

当然,各地技术市场的出现体现的是各地政府和领导的态度,反映的是领导干部在任期内的政绩。他们不习惯总结前任的经验教训,通常"不步后尘",但可以不计成本、不顾后果,去"大胆创新","走自己的路"。从效果上看,这种做法对技术市场的培育引导和技术成果的成功转化到底有多少推动?管理者用力不对,"劲"就不可能用在刀刃上。技术市场不到位和技术成果转化难的"毛病"没找准,就盲目"投药",就算不是劳民伤财,也会被折腾得"半死"。最近,西安新上任的市委书记在全市一次大会上提出"西安作为十三朝的古都,为什么落后于其他城市"这样一个尖锐的问题。话音刚落,群众反响十分强烈,说明他找对了病症。于是,他提出了补齐"十大短板"和进行"五新"的战略任务。他指出的十个问题振聋发聩,我发现有几个问题是与技术市场相关的,发人深思。他说,历史上曾经辉煌过500年的西商,现在反倒发展不起来;全国排行第二的军工资源,但军工优势不能发展成经济发展优势;西安科研院所林立,重大科研成果层出不穷,却出现"墙内开花墙外红"的现象。

在我的印象中,西安的技术市场工作在全国算不上第一,也是排在前面的,陕西省的技术市场工作做得也很不错。结果辛辛苦苦30几年,大家还不满意,病因在哪?当然不能全怪科技部门,也不好怪从事技术市场工作的同志——谁不想把事情做好?我认为,西安的问题恐怕也是全国各省都存在的问题。

找问题不容易,怎么办才是关键。有人认为,西安要解决上述问题,应紧盯党政队伍中的"关键少数",即有决策权的人、制定政策的人和有话语权的人。他们认为这是问题的症结和解决问题的关键。这话说得很有道理。

中国技术市场30多年来在管理工作上出现的"马鞍形"现象,要是科技主管部门用镜子去照一照,其答案应当是清楚的。认识不到位、思想不重视、管理形式化、工作边缘化,是导致我国今天技术市场工作举步维艰、原地踏步,甚至有的工作还今不如昔的根源所在。像技术市场中交易双方的技术合同的订立、技术合同的管理、纠纷的调处、技术交易和技术市场管理人员的专业化培训,等等,似乎都在走下坡路。我认为,在当今市场经济环境下,倘若咱们30多年来形成的旧的科技管理和技术市场管理的思维不改变,甚至还出现权力意识胜过市场力量、官员理念挡住科技人员与企业家的意愿的现象,其结果肯定是悲惨的。

其实只要稍加注意,就会发现这些年国家投入技术市场的经费,比起其他行业来,可能不算太多,但若自己同自己比,规模不止是几倍、几十倍地增长,有的地方甚至是上百倍地增长。效果呢?各地建了许多如大市场、园区、孵化器等这些"同质化"的房子,养了一批像过去招待所里的招待员的人员。体制上问题就更多了,有事业编制企业管理的,有企业性质事业形式的,五花八门,"挂羊头卖狗肉",这些单位和部门成了市场经济中促进成果转化工作的"避风港"。

当前的技术市场工作,特别是科技部门的管理,已远远落后于市场发展。即便做了工作,也只是做了些浮在市场经济表面的官样文章,深层次的、与企业发展息息相关的产业化工作,与经济部门的同志比起来,还差了点。这是我对当今中国技术市场管理部门工作的一个基本评估。正确与否,还请大家讨论。

这种落后不仅表现在实践上,关键是表现在对理论和认知的态度上。例如,不研究市场经济,不学习中央技术市场理论观点,不注意立足自身特点,对已经变化了的情况不敏感,不能适时改变理念,不能提出新时代符合市场经济规律的新思路、新方法,等等。这些人还死死拽着计划经济这根稻草,拉人家的成绩单说事,把皇冠套在自己头上,"种人地荒己田",不能令人满意。

中国的技术市场在改革开放初期出生,但发育和成熟的程度,已远远落后于其他的生产要素市场,甚至有点畸形发展。例如成果拍卖、认定登记、交易额统计、人员培训、场所建设等,缺乏有创意和新意的东西,有的做法基层意见较多,但决策人听而不闻,让人无语。

正是由于技术市场是市场经济的产物,因此,它的发育和发展遵循的是市场经济的规律,它不以人们的意志为转移,它是因适应市场经济的发育发展而存在、壮大的。随着我国市场经济的发展,技术市场本身也慢慢地走上了市场经济的轨道。

我们今天讨论中国的技术市场,不仅仅是要讨论怎样让它发展得更快、更健康,更重要的还是要去研究咱们政府的技术市场管理如何改变旧思维、改革旧体制、改造老方法,去适应市场,让它更好地为技术成果转移、转化服务,更好地为国民经济健康发展繁荣服务。要是我国技术市场管理工作能够像 20 世纪 80 年代初的那样清晰、那样得力、那样充满劲头、那样有所作为,那么今天再来谈这件事情,也许会是另外一种景象,更加理直气壮。

二

目前,我们也许不能像西安的那位书记那样,一口气讲出技术市场存在的几个短板,但将科技成果转化过程中服务市场如何培育与建设,以及我国僵化了的技术市场管理如何变革这两个根本性的问题视为"短板",也无可厚非。后者是中国技术市场健康发展的根本,它制约着前者。中国技术市场当前需要正视和解决的问题,或者说是当务之急,是要消除计划经济残余思维对我国技术市场工作的干扰。内容主要分为以下三方面。

其一是体制。当今的科技管理体制仍有许多不适应市场经济体制的地方,有些方面也许是拖了后腿的。市场经济跑到前面,我们的体制落在后面。政府与企业、与事业单位、与服务机构之间,关系交织,弄不清、理还乱,你中有我,我中有你。国有加民营,本来政府是想"放水养鱼",结果"鱼"被"钓走了"。倒霉的进了监狱,幸运的发了横财,"攀上亲的"沾沾自喜,"搭不上边的"怨声载道、无可奈何。政府中部门与部门之间职能交叉,关系复杂,盘根错节。讲科技重要,谁都能说上一通,都能摊上一块事情,谁都可以插一杠,因为这样一来,就可以在财政那里分一杯羹。他们在耕人家的田,但又能死死地管住自己的地,且"寸土不让"。有人讲科技部门是块"唐僧肉"——谁都想吃,谁都能吃得上。

其二是理念。技术市场管理人员的思路有点固化,用老办法做事,拿不出新办法、好办法。我国技术市场,从改革开放算起都快40年了,30多年前前人创造出来的做法,今天竟然连个"改头换面"都没有。有的虽有修改,也只是在税收政策和政府拨款上加点条款,别无新意。在培育技术市场的法律、法规制订及管理上,更是无所作为。有的部门及其管理人员,平时不注意学习和总结前人经验,单凭自己的理解"发号施令"。记得在我国技术市场初期,国务院只抓了4件事情,就把全国技术市场这锅水烧开了。一是抓技术商品化的理论宣传,让大家更新观念,接着就提出了"八字方针";二是抓法制建设,出台了专利法、技术合同法等法律,通过法律法规,管理市场、规范和稳定市场;三是抓技术市场的队伍和信息网络的建设,培养、组织了以技术市场管理和"星火计划""火炬计划"管理人员为核心的技术市场法律与政策的宣传及技术服务队伍,保障了技术入市交易及其转变成生产力;四是抓军民合作,来推进"四个转移",而且做到有案例、有样板、有示范,实现了技术向生产力转化。这4项措施,招招中的,条条都在要害上,为我国技术市场的萌芽、发育提供了强有力的支撑。那个时候,从国务院到地方,科技、经济、国防几个职能部门拧成一股绳,由国务院统一指挥,上下呼应,左右联动,一把号,一个调。可是后来呢?变成了各吹各的号,各唱各的调。

其三是管理职能。这其实与体制有关。管理部门职能错位,责任交叉,多头指挥,多头"报功",科技与经济部门的考核指标没有区别。科技部门在技术市场工作中到底做什么,这与科技部门在企业产业化的问题上要做什么的道理是一样的。哪些是科技管理部门的分内事,没有弄明白,做了许多"种人地荒己田"的事。技术市场的管理工作究竟要做什么没有弄清楚,就只好放着正事不做,也去弄立项、分经费、搞拨款,最后还得去做审计。看到人家部门在搞工业园,咱们也去搞个创业园区。看到经济部门在搞产业化工程,咱们也想着法子去弄个高新技术项目的专项。经济部门搞技改,科技部门搞重大专项。反过来,咱们科技部门评审高新企业,经济部门也学着去评审技术创新企业……当然,这样"你追我赶"地做事,未必就一定不好,反正都是在促进经济社会的发展。但是这种政府部门的职责不清,导致的结果是"聪明"的企业、"聪明"的企业家获益。多个部门掏钱,各个部门资金都落到同一家企业的口袋里,有何不好?作为企业,何乐而不为?这种鼓励科技进步,最后是保护了有"本事"的,苦了那些埋头苦干的。

科技服务企业也是如此。尽管他们也希望政府能够依照市场经济进行公平公正的管理,但他们发现政府官员背上有个"皮囊",于是也就希望得到一些"恩施"和"实惠"。这些"聪明"的机构,就不是把功夫用在提升自己的服务水平和能力上,而是把力气花到了"攻关"上。服务机构的这种短期获益思想,从长远看肯定要吃苦头。因为计划经济已是强弩之末,社会发展到今天,市场经济肯定不会走回头路,计划经济肯定没有出路,奉劝存有这种思想的服务机构和人员必须死了这条心。

市场经济条件下的技术市场,其主要功能有3个。一是先导性。它决定了技术市场具有引领各种生产要素市场的运动功能,特别是能让参与主体获得垄断地位,也就是说有独占性功能。二是赢利性。即能让参与活动的主体获得最大的利益,特别是能让资本增殖,也就是通常讲的赢利性。三是激励性。即能让参与运动的每一个主体的积极性得到最大限度的释放,但它需要有能调动积极性的激励措施,还要有能约束而不是阻碍其符合规律运动的规范。

有研究表明,科学技术与人之间的需求,并没有直接的因果关联,它们的关联是间接的,是通过资本这个中介完成的。当在没有直接因果关联的两者之间讨论因果时,必然疑虑重重。那些能够满足资本增殖的技术,有可能被发明出来,更有可能得到应用;那些不能满足资本增殖的技术,即便能满足人类生活和生产需求,即便能为人类造福,也不容易被发明出来,发明出来了也不一定能得到应用。这就是许多制药公司在投入大量资金研制出治疗疑难杂症的新药、特效药后,愿意生产的人为数寥寥的原因。

有专家呼吁,要想推动科技成果转化,需要确立科学家的主体地位,在经费使用方面给他们更大空间。同时,明确知识产权权益规则,给予科学家们合法、足额的激励。这个意见很对,但需要有一个健康且发育完善的技术市场来保障。

有人在抱怨科研经费成了火药桶,许多国家重大科技专项大家都不敢接。因此,确定科学家的主体地位和确立知识产权与主要贡献人的权益归属规则,好让咱们的科学家得到应得的回报,就成了当务之急。一直以来,国家对科研经费的使用和管理,规定是严格的,有的条款确实存在干预过多、过细的问题,这在一定程度上影响了课题的推进和结项。北京某所大学科学技术发展院主管科技成果转化的领导提供了一组数字。2016 年,他所在大学拥有科技成果约 1 000 项,实现专利授权或转让的近 70 项,转化率大约是 6%—7%。2017 年 7 月 27 日国务院发布了《关于强化实施创新驱动发展战略进一步推进大众创业万众创新深入发展的意见》。但在同一时间段里,关于科研人员在科研及成果转化中涉嫌犯罪的指控和审判不绝于耳。其中浙江大学某教授贪污科研经费一案,即从侧面反映了科研经费在管理上的问题。判决书显示,这位教授通过编制虚假预算、虚假发票、虚假账目等手段,冲账套取,为己所控,构成贪污罪。2015 年,在全国"两会"期间,全国人大常委会委员令狐安对科研经费的制度性缺陷有个很形象的描述:"就是我们说的正门、前门(政策和制度)开得不够大、不够宽,没办法,人就开后门、邪门了。"令狐安曾任中央第十巡视组组长,先后巡视了科技部、中科院等部门。人们之所以对级别更高的"国家重大科技专项"心存忌惮,是因为课题级别越高,经费的管理和审计就越严格。

所以,技术市场的政策激励与法律规范,是保护技术市场健康运行和不断发展与繁荣的两道关键"护栏"。从当前来看,熟悉市场经济新体制,对制定政策规定的人来说很重要。倘若是用旧的管理思路制定和形成的管理规定,势必影响甚至阻碍事业的发展,影响科研工作和技术市场工作的正常进行。科技服务也是一样的道理,用计划经济的思想残余去管理这个服务产业,其后果和负面效应也是不可低估的。

因为这些问题比较敏感,今天只能抛砖引玉,讲这些。

[本文系田波于 2017 年 11 月在中国技术市场协会(西安)全国技术市场理论峰会上作的报告]

关于建设浙江省生物可降解材料产业基地的建议

关于在我们浙江省通过建立生物材料产业基地、发展生物可降解材料产业的事情,我与浙江大学沈之荃院士、浙江工业大学区域发展研究所项浙学所长等几位专家已商量很久了。这件事情真正开始是在2005年下半年,我与项所长商量后,觉得建设生物可降解材料产业基地对浙江的科技进步和经济建设都会很有意义。

两年多来,我们做了许多调研,形成了一些想法。许多意见与建议也曾向省咨询委张凌生主任作了当面汇报,并得到了朱家良、蔡惠明、翁礼华等许多省政府咨询委专家的认同与支持。今天,我受海正集团白骅董事长和中科院应用化学所的专家与领导的委托,就该生物可降解材料的项目及建设该产业化基地的工作建议,作一主题汇报,提请省政府咨询委的全体专家讨论、指正。同时恳切希望能得到各位领导和专家,并通过你们能得到省政府的主要领导和有关部门的关注与支持。下面,我讲的内容分为4部分。

一、背景

与20世纪信息时代到来后的情况一样,21世纪在进入生物技术大发展的时代后,人们的生活亦将发生翻天覆地的变化。

国家在生物经济发展上制定了"三步走"战略:第一步是技术积累阶段,到2010年形成5 000亿—8 000亿元规模的生物技术产业;第二步是产业崛起阶段,到2015年生物产业总产值达到16 000亿元左右;第三步是持续发展阶段,到2020年生物产业总产值要达到2万亿—3万亿元,占GDP的4%以上。这表明农业生物产业将成为我国生物产业发展的重点领域之一。因此我想,浙江的经济和产业假如要继续保持现在这个势头的话,应当在这方面有所考虑、早做准备。另外,在"十一五"发展中,环境、资源和能源等这些因素,已不可回避地成为制约经济可持续发展的瓶颈性问题,生物技术又恰恰是解决这些问题的重要手段。

围绕这些问题,我们多次到省内外做了调研,就建立浙江省生物可降解材料产业基地的事情,形成了一些想法,主要分为以下3方面。

第一,在经济全球化和竞争日益激烈的今天,我省中小企业的结构调整和产业升级问题,尤其是几千家塑料企业和模具等机械制造企业,在下一步面对绿色壁垒和产品出口市场的挑战时如何应对的问题,这也是省里领导一直在关注的事情。我们从政府部门出来的同志,虽然人已退休,但也有责任要给领导出好主意,当然这也是在帮我们的中小企业排忧解难。

第二,20世纪工业发展给环境留下的这堆难题,已经等不到下一代人来解决了。其中,塑料制品污染的"后遗症"是首要问题,它严重影响到人类的生存和发展。全省几千家塑料加工企业都将不同程度地面临产品的"改朝换代",而由此又将带来模具、包装等产业的转轨转型……这是不久的将来必然要面临的事实。然而,海正集团的领导在10多年前就想到了,要用生物技术来研究开发高分子可降解材料以替代传统塑料。他们在省院建立合作关系的框架下,开展了长达10多年的合作攻关,在2004年完成了年产30吨聚乳酸(PLA)母粒中试项目的基础上,今年又完成了年产5 000吨聚乳酸的产业化项目,终于解决了聚乳酸从实验室到工业化生产的技术性跨越,成为世界上仅次于美国的能规模化生产PLA的企业。现产品远销欧、日、加和中国台湾等国家与地区,为我们人类寻找传统塑料的替代品,彻底解决白色污染做出了贡献。这不仅是浙江的骄傲,也是中国的骄傲。在这种情况下,浙江怎样利用这个创新成果,"近水楼台先得月",使这个技术资源直接为提高浙江的经济质量服务,直接为提升浙江中小企业的技术水平和产品档次服务,是当务之急,要不然,人家后来居上了,我们是要后悔的。

第三,根据国家"十一五"的生物产业发展规划可知,国家要在全国建立生物产业基地。该规划提出不到两年,全国竟然已有12座城市竖起了国家级生物产业基地的牌子,其中包括石家庄、长春、深圳、北京、上海、广州、长沙、青岛、成都、武汉、重庆、昆明,而我们浙江却是空白,这让我很受刺激。我曾经找过许多企业家进行调查,他们也很激动,就像海正集团的白骅董事长说的那样:"我们省也应该做,而且有条件做。"可是……我也想过,在我国的这种体制下,这种事情要是只有企业在想,科技人员在想,政府的领导和政府部门不去想,这件事情恐怕很难做得起来。

在这个问题上,我联想起我们浙江过去的教训。20世纪90年代初,国家创建国家级高新技术产业园区,当时,有些人也是认识不足,反映迟钝,动作慢了,只生了个"独生子",在华东地区我们是数量最少的,落后了。显然它直接影响了浙江全省高新技术的发展,尤其在享受国家高新技术政策方面,明显落后于周边省市,造成被动局面,与我省的经济发展速度极不相称。因此,我们也就有个担心,在15年后的今天,生怕这种问题再在浙江上演。

抱着这种急切的心理,我们形成了一些较为强烈的想法,目的是想引起省里高层的关注,不至于使我们的企业和政府各部门花了10多年时间,辛辛苦苦耗费了许多财力、精力完成的,有较高技术难度的,已经实现产业化的高新技术成果付之东流,或者只是让个别企业在那里忙乎、奔波,我们政府却"麻木不仁"。另外,用聚乳酸来替代传统塑料,其意义也不光只是为了应对石油资源稀缺这样一个单一问题。无论从生产过程的节能降耗,还是从提高人的生活质量和健康水平,特别是从其生产、使用及废物处理过程当中的可降解性方面,聚乳酸都能为人类提供一种既能避开环境污染,又能满足高质量生活需要的理想材料。它已经成为我们关注的新经济增长点。

这些想法在上个月通过蔡文如秘书长,向省咨询委的张凌生主任作了汇报,得到了张凌生、朱家良、陈国强等领导的支持。他们冒着高温,专程到现场考察调研,基本与我们形成共识,使我和企业都很受鼓舞,并非常感动。今天我汇报的目的,是希望省政府咨询委的其他领导和专家也能关注这个问题,并对我们这个想法给予充分的理解和支持,使这个"院企"长期合作完成的高新技术产业化成果,能在全省乃至全国更大范围内实现产业化、商品化和国际化。

二、国内外概况

这个问题主要请中科院应化所的博士生导师陈学思来讲,我只是扼要地提几句。

世界上对 PLA 技术的研究是 20 世纪 80 年代开始的。真正形成规模化生产是在美国。日本是利用美国生产的母粒开发下游产品。所以,当他们看到海正集团实现 PLA 产业化之后,既羡慕,又好奇,更是非常佩服。可见,PLA 这项新型高分子材料在技术上还是有相当难度的。

我国重视这项研究也就是近几年的事情。从报道上看,宣传有点杂乱,似乎全国到处都在搞,都能搞,有的已经搞成。2006 年国家发改委组织的一次聚乳酸技术项目评审会表明,其实并不是那回事。当时,全国符合答辩资格的企业,连同海正集团共有 126 家,评审会打分的最终结果是海正第一。按照我长期从事科技成果转移转化管理专业的习惯判断,我国聚乳酸技术的这颗明珠是海正摘下来的,知识产权属于海正。

然而,一项创新技术成果的出现,其背后是一个厚积薄发的过程。PLA 项目也同样来之不易,它是多种因素互动的结果。第一,在技术上,它依托的是应化所长期的科研积累,此外,还要凭借企业家与科学家超前的意识和敏锐的市场眼光、胆识,这点很重要。第二,海正集团厚实的经济基础与研究生产一线人员的合作精神,以及成功—失败—再成功—再失败……这种无数次反反复复的科研毅力,也是很关键的。海正集团的白骅董事长从 1993 年就开始探索这个项目,虽然没有成功,但也没有泄气,到 1997 年单枪匹马到应化所登门求贤,再到 2005 年初完成 30 吨中试生产线,并生产出合格产品,直到今年完成年产 5 000 吨规模的产业化生产线的建设和投产,可以说是风风雨雨,一路坎坷。特别是 30 吨向 5 000 吨的跨越,放大 100 多倍条件下的工业化试验,对化工行业来说不仅要有技术作基础,更是要有胆量的,是要捏把汗的。在现场,我看到这些科技人员怀揣的是既胸有成竹,又提心吊胆的矛盾心理。他们的成功打破了 PLA 这项上游技术长期受制于人的局面,使海正集团成为世界上第二家能够规模化生产聚乳酸原料产品的企业。

作为一项高新技术,尤其是还处在生长期,它总会有不够成熟,且需要完善的地方,如技术、工艺、生产路线,甚至原料、价格、环境、知识产权,等等。而且,这种项目往往前景很好,但带来的困难也是与之成正比的,如技术、市场和人才方面的竞争都会是空前激烈的。我个人认为,成熟的市场经济应当是市场公平竞争与政府适度推动的有机结合。特别是在我们这个国家里,一项处在成长期、而且对国计民生将会产生重大影响的关键技术,除了需要研究机构和企业继续按市场规则办事,进一步合作攻关,进一步抢占市场之外,非常需要政府部门的及时参与和适度推动。这也充分体现了政府对关键产业和关键技术的敏感性与决策水平。再说,一项技术从问世到衰退,其时间也是有限的。尤其是在科学技术突飞猛进的今天,技术的寿命将越来越短。20世纪50年代中叶的"泡沫塑料"现象就很说明问题。当时,泡沫塑料替代了橡胶垫子,其价格居高不下(1956年是高峰期)。但随着塑料工业的发展和技术的成熟与扩散,产品在普及之后价格就回落了,而且质量也越来越好。这说明一个新的产品从出现、成长到成熟,再到衰退,有它的自然规律。我们能不能抓住时机,作出正确的判断,特别是能不能捕捉住最佳的经济增长点,这也是衡量我们的政府和企业家的能力大小与效率高低的一把标尺。

三、浙江的优势

根据预测,到2010年全世界生物可降解塑料的市场需求量将以每年30%的速度增长。为此,许多国家纷纷出台法规和政策,限制传统塑料制品的生产和使用,鼓励生物可降解材料的研发、生产与使用。随着PLA产品成本向传统塑料成本的逼近,到2010年,PLA产品的市场将会进入高峰期,生产将会在全球展开。当前,全世界都在广泛关注利用玉米、木薯、秸秆等农副产品开发生产可降解高分子材料,国内也已有许多省市都在加大力度立项支持这类项目。我们浙江应当、也完全有条件跻身这个产业的大发展中去。

浙江能不能做这件事情,优势在哪里,我们也经过了反复比较和分析,最后得出的结论是能的,也找出了优势所在。

浙江虽然地少人多,资源稀缺,但我们除了灵活的机制和繁荣的市场之外,就聚乳酸这项高分子材料的研究开发与生产而言,还是有许多优势的。譬如港口资源、公路交通设施以及原来的农业基础,都为原料生产和产品进出口提供了基础条件。中小企业集聚形成的块状经济,更是建设生物可降解材料产业基地的产业优势。特别是我省几千家专门生产和加工塑料的企业,对技术进步、对新产品更新的渴求,为我省塑料产业的升级、更新换代和打造高水平的塑料产业集群,提供了充分的市场环境。更加难得的是,在国内我们率先掌握了整套聚乳酸产业化技术,而且拥有自主知识产权,使它在使用和转让这项技术上具有绝对控制权与主动权,有效地避免了在核心技术上受制于人的问题,为获得产业的核心竞争力,奠定了坚实基础(当前海正集团还是要加强知识产权战略问题的研究)。除此之外,海正集团在与应化所10多年的紧密合作中,具备了一定的集成创新与自主创新的经验和实力,也为我省打造聚乳酸行业的世界知名品牌,打下了扎实的基础……这些都是我省发展生物可降解材料产业,争创国家级生物产业基地的充分条件和充足理由。因此,我们有理由认为,在我省启动建设生物可降解材料产业基地的工程和争创国家级生物产业基地的条件,已基本成熟。

四、对基地的设想

就这个基地的建设问题,从设计模型的角度,我有个比较粗略的思考,来不及征求项所长的意见,先把它说出来,抛砖引玉,供各位讨论和有关部门决策时参考。

第一是基地建设总的思路。

(1) 基地建设。

政府搭建平台,平台支撑基地,基地集聚企业,从而使基地成为有研发能力和后劲的企业集群,而不是小企业的扎堆。

(2) 基地运行。

政府扶持平台,平台引导企业,集群烘托基地。在基地的运行过程中,按规划要求集聚的企业和研究机构要有具体技术创新项目,而不是企业扎堆后形成的一种技术空壳。

(3) 政策扶持。

政府财政支持平台的科研开发,企业出资引进消化技术和组织产品生产,基地利用政策激励使企业做强做大,实现真正意义上的产学研结合,防止政府支持与企业运作的脱节和政府投入的无谓浪费。

第二是具体设想。

(1) 名称。

基地名称为浙江省生物可降解材料产业基地。

(2) 定位。

基地的基本定位是生物降解材料及其产品和装备的研究、开发与生产。即通过利用农副产品中的淀粉类植物为原料，运用生物技术，研究开发可降解树脂材料及其相应产品，使基地成为我省乃至全国的生物可降解高分子材料核心技术的研发基地和技术高地、可降解材料产品的生产基地以及生物可降解材料生产加工的仪器、模具、机械装备的制造基地。

(3) 构架。

基地不采用"圈地"方式，而是利用现有的高新技术开发园区和经济开发区企业集聚的块状经济资源，统一规划，择优选择(组合)，在资源共享机制下开展合作研发与生产。基地以可降解生物材料的技术、产品、装备为研究开发方向，以企业与研究机构开展产学研合作体为基础，将同类或相近企业通过市场机制进行优化组合和点状链接，形成组合型的、具有集群特征的可降解生物材料产品、装备的生产加工基地。基地的边界是模糊的，可以遍布全省各市县，通过基地内的技术高地(即技术公共平台)，自觉接受上游技术的辐射，自主组织PLA原料、产品及相关设备从而进行规模化生产。

(4) 运行。

基地在杭州、台州等有条件的地区，建立聚合技术和下游产品、装备的研发中心或研究院之类，成为研究开发和技术转移的对外窗口。目前可利用海正现有的聚乳酸生产技术及人力资源等方面的优势，坚持以企业为主体，采取企业投入和政府扶持相结合的形式，完善现有的公共技术设施与装备，完成省级规模的生物可降解材料的研究开发以及公共服务平台的建设。必要时可以先在海正试点，通过重点扶持，对有关项目进行攻关，如聚乳酸结晶成核剂的研究、发泡聚乳酸的工艺技术、聚乳酸聚合反应系列设备设计、聚乳酸的单体含量对成型加工的影响、聚乳酸与淀粉共混挤出材片工艺技术、其他单位可降解材料新产品的开发等。这些项目的研究成果直接供应与基地相关的各企业用户，为与基地相关的企业开展产品生产提供技术支撑。各地可按照当地的区域特点和优势，运用市场规则吸纳转移技术高地的相关技术与产品，组织本地生产和加工，使其成为具有浙江特色的、能规模化生产生物可降解材料的研发和生产基地。

(5) 政府职责。

政府主要做4件事。一是制定目标。根据国家"三步走"战略,并结合浙江实际,为基地制订生物可降解材料产业的发展目标。二是出台政策。根据国家的相关法规,参考国外和兄弟省市的经验,制订出在我省切实可行的相关政策,可先在试点企业中试行,以后逐步推广、修正或取消。三是进行项目招投标。根据产业发展规划,发布研发项目和产业化项目的招投标,从财政上公开、大力度地集中支持招投标项目的实现。四是采取奖励激励措施。经过专家的严格验收和市场检验,对基地内企业(即列入基地产业建设范围内的企业)的研究开发和技术创新成果实行财政后补助办法进行奖励。

(6) 组织实施。

请省发改委牵头,打破部门界限,成立基地建设指导机构和生物可降解材料及装备的重大项目论证评审专家委员会。机构拟请省科技厅、省经贸委、省财政、省环保、省金融系统等相关部门的人员参加,制订统一的产业发展规划。坚持以企业为主体,产学研相结合,按市场机制运行,开展科研、开发与生产"一条龙"管理。在具体的实施过程中,可发挥行业协会(如塑料协会、技术转移协会等)和省级经济规划机构的作用,深入调研论证,做好规划,当好参谋,做好服务和督促工作。

在完成上述省级生物可降解材料产业基地的规划和建设的基础上,可以以省政府的名义,启动向国家申请国家级生物产业基地(生物可降解材料)项目的工作,使浙江在医药产业之外,又发展出一个以发展轻型化工为主导、具有产业集群特征的新兴产业,实现浙江塑料企业的产业升级。

[本文系田波就浙江省建设聚乳酸(PLA)产业基地问题,于2007年8月30日在浙江省人民政府经济建设咨询委员会召开的专家论证会上的主题发言。会后省咨询委行文报浙江省人民政府,项目受到省领导的高度关注。这是科技服务从技术情报调研、组织技术引进到完成中试,直到产业化全过程,为企业提供全程性整体策划与专业化技术咨询服务和全方位链式服务的典型案例。]

科技法需要紧跟科技发展的时代步伐

我有幸受邀参加省科技法学研究会组织的"科学技术发展与民法典研究"的专题研究会,非常高兴。

我不是专门研究法律问题的专家,谈民法典更是外行,只是我这辈子参加工作后,大部分的时间是在政府的科技管理工作岗位上,非常幸运能有机会接触和参与我国改革开放 40 年以来的政府科技管理工作,并长期从事我国科技成果的管理和技术转移及技术市场的理论研究与管理实践,从未间断。作为一名科技管理者,因工作关系能够经常接触一些与法律相关问题的研究与实践,并参与其中,从而引发思考,形成想法。今天的意见,有的不一定符合法学原理,只是从实践工作者的角度提出来,仅供与会专家参考。

在市场经济和经济全球化的大背景下,国际科技经济社会发生了翻天覆地的变化,与 40 年前相比已经不可同日而语。可是,需要指出的是,我国现有的一些专门法是在老民法典的原则框架下制定出来的,显然会与当下日新月异的科学技术发展出现脱节和不适应的情况,这是显而易见的。我们在实践中发现,一些与科技相关的法律法规中的法条,因过于陈旧,在履行中出现了矛盾和无奈,令人作难。政府倘若不能注意和正视这方面的问题,仍然用那些即将过时或者"残缺不全"的法条去规范、约束科技领域中遇到的问题,从法律角度思考,这显然是荒唐的。特别是对于科技人员在开展研究开发和转移、转化技术成果的活动中,在开展技术成果产业化的工作中,出现一些所谓违规、违纪的情况时,我们的司法工作往往会在科技人员行为是否有罪的问题上彷徨。40 多年来,我国法律界在这方面的教训是不少的。浙江省是我国改革开放走在前面的省份之一,是市场经济起步较早、经济发展最为活跃和区域发育最快的地区之一,自然也不例外。20 世纪 80 年代,杭州市曾出现一件某科技人员被关押半年之久后被无罪释放的案子,让许多人至今还记忆犹新,其教训是极其深刻的。法律是调整人与人、人与社会、人与组织法律关系的工具。当下科技快速发展,对科技发展起保驾护航作用的法律,同我国科技成果研发领域出现的"饥荒"现象一样,何尝不也存在着"饥荒"现象?所以,该现象亟需引起法律界的高度重视。下面我从4个方面探讨一下科技法对科技发展的必要性。

第一,事物旺盛的生命力来自不断创新。科技法学会提出对科技法和民法典这个问题的研究,非常及时必要,而且很有意义。

民法总则是传统民法典中变化最小、改动最少的。但是,民法通则的生命力,必然是要来源于其内容和形式上的更新与提升。科学技术的快速发展,将让更多具体的、直接的技术性内容,取代或补充原来那种抽象的、学理性的、概括性的以及原则性的内容,这已经成为司法界势在必行的工作,成为咱们从事司法工作的同志需要注意处理好的问题——科学技术的快速发展与民法典的相对稳定性之间所产生的不协调矛盾的问题。今天科技法学研究会把大家请来,共同来讨论这个问题,正是基于这种考虑,这是非常重要、非常必要,而且非常有意义的。

第二,科学技术的发展和进步,需要把最有生命力的内容增加到民法典和专门法中去,这既是市场经济发展的需要,也是社会进步的必然。

从学术上考察,我国民法典从《大清民律草案》开始,基本上是以德国的民法典体例为基础的。按照这个体例,法典规定了咱们民法总则的内容。改革开放以来,中国民商法承前启后,重新恢复,蓬勃发展,出台了民法通则,为我国在改革开放时期,对经济社会关系的调整提供规则产生了一定的作用。

例如,在科学技术领域,自《中华人民共和国专利法》颁布之后,我国第一部《中华人民共和国技术合同法》及实施细则也相继出台,接着是《中华人民共和国科学技术进步法》的颁布,后来是《中华人民共和国科技成果转化法》及实施细则的出台。20世纪90年代中期,《中华人民共和国技术合同法》又被归并到《中华人民共和国合同法》之中,知识产权中的著作权等创造发明相关方面的内容,也被归到了《中华人民共和国著作权法》等法律中,技术合同的仲裁则被纳入了《中华人民共和国仲裁法》当中。以上这些法律的陆续颁布,对我国科学技术领域中的许多名词、术语进行了清晰的界定,并对其中法律主体、主体资格、过失行为、过意行为的认定,合同纠纷的处理、代理等法律行为等,都作了明确的界定与规范。

尽管如此,随着市场经济体制的建立、市场经济的到来以及技术市场的开放,特别是在技术市场与其他生产要素市场不断融合和互动的过程中,法律需要调整的许多不确定的内容逐渐显现,暴露出来的问题也日益增多。虽然科技领域存在许多亟需法律规范的问题,但是由于眼下许多的规定和规则是以部门的规章形式出现的,有时甚至仅因领导的某句话就定了调子,因此这些亟待解决的问题在法律规范的过程中困难重重。如科技人员的贪污受贿问题、侵占公共财产问题、保护人身权问题,又如科技人员的知识产权归属问题、知识产权被无偿占有问题、劳动所得与非法所得的界限问题等。受实用主义的影响,有的法律条文与政策条文并无二致。例如,2015年刚修订出台的《中华人民共和国促进成果转化法》,第45条的第2、3、4款的内容与政策条文十分相似。该内容规定职务成果转让后的收入"提取不低于50%";在利用职务成果作价投资条文上,规定其"形成的股份比例不低于50%";还规定职务成果自行实施的,投产后连续3至5年的收益提取,要从"每年营业利润中提取不低于5%的比例"等;诸如此类。请问,我们的法律有必要规定得如此具体吗?还譬如,在法律体系中,对"非盈利""非营利"和"非赢利"这些词语的定义模糊不清;对于"非赢利法人""非公司法人"等方面的规定也是含糊不清,亟需完善。随着市场经济的不断成熟,经济社会发展的日益加速,在科学技术与经济建设、社会生活联系日益紧密的今天,许多社会关系和活动内容的法律调整,都需要有新的规定和内容去适应,有些规范也许已经超出了传统民法典的规定范围,亟待有关部门的重视与完善。

第三,科技法的规范内容有其自身的内涵和规则,在修订科技法律规范时必须遵循科学技术的自身规律。

凡是具有规律性的东西,通常是不可逾越和打破的。例如,我国1989年出台的《中华人民共和国技术合同法》(以下简称《技术合同法》),是世界上第一部规范技术交易关系的法律,因为它遵循了科学技术的规律、技术生产要素的规律和技术交易与其转化的规律。在修订《中华人民共和国合同法》的时候,《技术合同法》的许多条款被广泛吸纳,原因就是《技术合同法》从起草到颁布准备,都是当时具有法律专业背景并长期从事国家科技管理工作的同志完成的。这与外语人员需要有专业背景的道理是一样的。

从科技法学的角度来看,科学技术行为规范通常有4个阶段:第一,科学探索阶段;第二,研究与技术研发阶段(即形成知识产权时期);第三,技术转移与交易阶段;第四,产品开发与市场开拓阶段。从技术市场的运行规律来看,第三、第四阶段是科学技术成果向生产力转化过程中,问题最多、情况最复杂的阶段。尤其是无形性技术在转移过程中的知识产权保护问题,长期困惑着科技界、企业界、经济界和法律界,是科学技术法律关系中最难把握的一大难题。

在科学探索阶段,较多涉及的是伦理方面的法律规范。进入研究与技术研发阶段,往往出现的是成果归属方面的问题。到了技术转移与交易阶段,法律关系就显得更为复杂。技术在市场经济环境下,处在流动和变化之中,因此相对固定的法律思维方式,已不能适应对知识产权的归属界定,由此给法律工作者带来的诸多苦恼,要远远超过对有形财产纠纷的法律认定与处分。科学技术成果到了产品开发与市场开拓这个阶段,法律关系更是错综复杂,涉及方方面面,调处起来非常困难。有的问题看似是技术问题,如表面上是甲方的知识被乙方无偿占有或霸占,但是一旦通过深入考察,就会发现其实是企业的管理问题。有的法律纠纷看似是企业的内部管理纠纷,其实是涉及合作双方或多方的知识归属和利益分享问题,要是处理得不好,就造成知识被无理侵占、人身权被无辜剥夺的后果。

这些都是科学技术法特有的现象与规律,是由科学技术的复杂性和特殊性衍生出来的问题,希望大家一起来研究与讨论,这是非常有意义的。

第四,数字经济时代的到来,推动了信息互联网向价值互联网的变迁,为丰富科技法的内容提供了机会。

科学技术发展之迅猛、变化之快,让人始料未及,其中有的变化甚至是颠覆性的。例如手机这个产品的未来形态,今后人们可能不用手机就能在手掌上查阅地图。这种变化是必然的,只是时间问题。像从计算机的出现到今天的互联网,整整花了44年时间,但从门户网站到电子商务的崛起,才不过5年;从智能手机的诞生到人工智能的崛起,只有2年左右时间。今后你的汽车、房子,甚至身体里的人工内脏,都会有惊人的变化。社会各方面的发展速度和内容更新速度,远远超出了人们的预期和想象。

记得在 20 世纪 90 年代的时候,咱们还在大谈知识经济时代的到来,而现在人们都已经进入数字经济时代了。科技以超乎想象的速度,改变着人类的生产、生活方式,成为经济增长的新动能。

在工业生产领域,继大数据、云计算、物联网和人工智能后出现的区块链技术,是一项具有去中介化趋势的颠覆性技术。它正在引领新一轮的技术变革和产业变革。这种变革有望成为全球技术创新和模式创新的"策源地",推动"信息互联网"向"价值互联网"变迁。这个趋势就非常值得咱们法律界高度关注。

区块链技术具有开放性特征。它通过信息不可篡改和可追溯的特点,成为创造信任、防止欺诈的工具,最终达到去中介化的目标。例如,互联网中的淘宝是商业的中介,滴滴是出行的中介,微信是社交的中介,银行是金融的中介,等等。区块链本身就是一种具有高度信任的中介,是重塑现代商业文明的工具。区块链技术的应用是通过武装和治理打造数字化社团,实行无边界众包,用规则和激励机制,让干活的人更有动力;以拆分流程、发包、承包的方式去"抢"活干,通过背靠背量化评价,获得积分。有了评价就会自律,自律了就能把产品做好,从而形成良性循环。

在未来的社会生活,人们通往智能社会的过程中,越来越多场景的泄密行为将变得更加隐蔽。因此,作为区块链最本质的密码技术,通过加密算法、签名算法和哈希算法这 3 项核心技术,满足对机密性、完整性、合法性和不可抵赖性的安全需求,做到隐私保护、过程无痕。在应用区块链技术时,需要底层技术平台(最关键)、入口平台技术(互联网时代的平台入口、行业入口)和落地技术平台(垂直领域的落地应用方向)的支撑。

在我国,区块链产业目前处于高速发展阶段,创业者和资本不断涌入,企业的数量也在快速增加。截至目前,全国各省市区块链创业公司,北京有 175 家,上海有 95 家,广东省有 71 家,浙江省有 36 家,江苏省与四川省分别有 13 家,其中杭州市有 32 家,深圳市有 56 家,广州市有 15 家。这些区块链技术的应用落地,将会助推传统产业高质量、规范化发展,为实体经济"降成本""提效率",加快产业的转型升级。同时,区块链技术正在衍生新业态,成为经济发展的新动能,推动新一轮的商业模式变革,成为打造诚信社会体系的重要支撑。

2018年5月,国家工信部信息中心发布的《2018年中国区块链产业白皮书》指出,"我国区块链产业的发展总体还处于起步阶段,当前我们对区块链的认识还是初步和阶段性的,可能会有一定的局限性"。现在,各地政府正从产业高度定位区块链技术,着手研究激励其发展的政策体系和该技术的市场监管框架,包括标准等问题被提上议事日程。要是科技法研究机构能够紧跟这一时代潮流,早日进入这个问题的研究,对于浙江省的经济建设,将具有十分重要的意义。

在座的都是我的老师,今天的发言不过是抛砖引玉,把问题提出来供大家去思考、讨论,当然最好能讨论出点东西来,为新时期浙江的科技法制建设,增添新的光彩。

(本文系田波于2018年12月在浙江省科技法学研究会年会上的报告摘要)

后　记

国家实行改革开放，至今已40年。在历史的长河上，40年何其短暂，但是，这40年刚好处于人类从20世纪迈进21世纪的跨世纪时代，也是中国政治经济领域风云激荡的时期。在此期间发生的许多事件，一定程度上左右了中国历史的走向，让刚站直腰杆的中国人，从险境中突围，摆脱计划经济束缚，从市场经济中获得了新生。我常为自己能够在这个伟大的时代，曾在政府科技管理这个重要的岗位上，为国家和公众服务，深感荣幸和自豪。

40年前，我还是一个风华正茂的青年，能够在人生的最好时光，赶上中华民族快速发展的最好时代，从事的是政府层面的科技管理工作，这是能够对国家和民族的崛起发挥重要作用和具有重要意义的事业，也是我一生中碰到的最重要的机遇。回首这段人生最为美丽的时光，我深爱着科学技术这壮丽辉煌的事业！

能在中国快速发展的这个特殊节点上成为亲历者、观察者和受益者，说明我与科技有缘。40载寒暑春秋，点滴往事，历历在目，令人难忘。我在朋友的鼓励下，毅然动笔，要留下我自己对这个时代的记录。文思往往在动笔后就会汩汩流出，遣词造句，一不注意就写了万言。其实，这既是追忆和记录亲历的事件，也是想用自己的体会、感悟、思考，纪念和总结这个伟大时代的变化。我的文字，也许对今天我国的科技事业和技术市场工作理论探索、发展有所启迪，更期望能对今后的年轻科技工作者，了解我国这段技术市场培育与发展的历史背景，有所帮助。

按常理，写书得请德高望重者作序。我自然想到在我国科技政策研究和

后 记

技术市场领域中富有影响力的段瑞春同志。我与段瑞春同志早年相识,他是我国首部《中华人民共和国技术合同法》的主笔人,是我国知识产权法制研究的开创者之一,是中国技术市场协会金桥奖功勋奖获得者,曾经出任国务院国资委国有重点大型企业监事会主席。令我感动的是,他在百忙中欣然答应为本书作序。他一直以来对我的鼓励、指教和支持,令我终生难忘和万分感激。

本书成稿之日,得到原浙江省科委陈传群和昌金铭两位主任的指导。国家科技部火炬中心陈彦、雷庆西和人才中心胡峻,中国技术市场协会陶元兴、武毅、杨素荣、许爱东、王兵,中国技术市场协会交通运输委员会陆旭东,北京市科委赵绮秋、刘军,原中国技术市场报社秦海燕、冯国梧,以及与我共事多年的浙江省科技厅周伟强、孙林生和杭州市科委朱振凤等同志,给予了许多指点与帮助。令人感动的是,我在全国科技界的许多同行和朋友,也为本书的面世给予了诸多帮助,在此一并表示衷心的感谢!

本书付梓,正值新中国成立 70 周年和改革开放 41 周年之际,能把同仁们这些年在岗位上辛勤耕耘的事情,以"回眸"之名,用俗人之笔写出来,作为 2015 年上海大学出版社出版的我的前作《求索中国技术市场》之续篇,我深感欣慰,觉得很有意义。

中国技术市场已到不惑之年,本书将之作为生产要素市场的一门学科,从理论和实践的角度去研究它,水平所限,其中的不足和错误之处,恳请专家和同仁批评指正。

田 波
2019 年 6 月 16 日写于杭州